GABRIELA MISTRAL
CARTAS DE AMOR Y DESAMOR

© SUCESION SERGIO FERNANDEZ LARRAIN

© EDITORIAL ANDRES BELLO
Av. Ricardo Lyon 946, Santiago de Chile

Registro de Propiedad Intelectual
Inscripción N° 110.818, año 1999
Santiago - Chile

Se terminó de imprimir esta segunda edición
de 4.000 ejemplares en el mes de octubre de 1999

IMPRESORES: Productora Gráfica Andros Ltda.

IMPRESO EN CHILE / PRINTED IN CHILE

ISBN 956-13-1602-1

GABRIELA MISTRAL

CARTAS DE AMOR Y DESAMOR

Prólogo y referencias
Jaime Quezada

Selección y recopilación
Sergio Fernández Larraín

EDITORIAL ANDRES BELLO
Barcelona • Buenos Aires • México D.F. • Santiago de Chile

PROLOGO

Carta esperada en toda
tarde, mañana, noche y mediodía,
para esperarte vivo,
¡muriéndome de amor te leería!

G.M. Los versos viejos.

I

"Te adoro, Manuel. Todo mi vivir se concentra en este pensamiento y en este deseo: el beso que puedo darte y recibir de ti", le escribe con desenvuelta y admirativa pasión Lucila Godoy (entonces maestra en Los Andes) al poeta Manuel Magallanes Moure (1878-1924), afortunado destinatario de unas ardientes cartas que revelan una faceta no conocida –o conocida, tal vez, a medias– en la vida de nuestra Gabriela Mistral (1889-1957). Llamada, también, y a falta de otras aureolas y adjetivos, la santa, la divina, la íntima.

Y el "cuéntame tu día y yo te contaré el mío" se prolongará en una correspondencia humano-amorosa y relación epistolar que le lleva siete años de contar, a corazón abierto, sus dudas y sus tormentos, sus vergüenzas y sus ternuras: ella y la otra ("una en mí maté", de *Lagar*), aunque siempre la misma.

Tal sincero retrato, de una sinceridad que ilumina, espiritualiza y sorprende, se configura en cada página de este epistolario mistraliano. En verdad, se trata de cartas de amor en una época de éxtasis de la poetisa: "el amor es el que suelta las trabas hipócritas y por él yo dejé mi actitud de persona decente, de mujer más o menos tolerable". Pero vivenciales documentos literarios hoy, con la validez y proyección que el tiempo otorga a las situaciones y cosas nobles. Obra epistolaria que destruye, sin duda, mitos y desmorona fábulas, sobre todo en un universo de país donde la leyenda nunca ha dejado en paz (o en su sitio) a una Mistral que no tuvo temor a su ángel malo.

No tengo sólo un ángel
con ala estremecida;
me mecen como al mar
mecen las dos orillas
el ángel que da el gozo
y el que da la agonía,
el de alas tremolantes
y el de las alas fijas.

Yo sé, cuando amanece,
cuál va a regirme el día,
si el de color de llama
o el de color de ceniza,
y me los doy como alga
a la ola, contrita.

Sólo una vez volaron
con las ala unidas;
el día del amor,
el de la Epifanía.

II

Manuscritas a pura tinta de pluma o mecanografiadas ("perdona esta carta a máquina") o simplemente a lápiz de grafito en una que otra posdata. Fechadas o sin fechar ("no tengo noción del tiempo") en Los Andes, Temuco, Santiago, San José de Maipo. Aldeas o pueblos que la llenan de soledades y destierros, pueblos de grandes infiernos o ciudades infelices. Por estos y otros lugares del territorio anduvo la Mistral ejerciendo su apostolado de maestra rural, su magisterio de profesora de castellano y de historia y geografía. Sus cartas –y su afán por escribirlas es una afición desde muy joven– eran su comunicación permanente con el medio y su trato con el prójimo lejano.

A las horas más desusadas escribe sus cartas de amor Lucila Godoy o Gabriela Mistral ("Es ya inconcebible tratarse con etiqueta después de una amistad casi vieja y muy honda. Dígame usted Gabriela o dígame Lucila, y créame una solterona a la que se puede confiar todo"). A las dos o tres de la madrugada ("me gusta escribir de noche"); mientras prepara clases o envía un artículo a *La Voz de Elqui,* el periódico radical de Vicuña, su pueblo natal; al regreso de una caminata por los cerros andinos; o entre mate y mate al calor de un brasero. También en cama porque hace mucho frío y no se levanta, o antes y después de leer *Sucesos* o la revista *Zig-Zag* (publicaciones en las cuales colabora enviando poemas recién escritos). En fin, el amor (o la imaginación de su amor) no la deja quieta ni en la faena diaria ni el sueño. Todo es una arrobada pasión que la lleva al sufrimiento y al torbellino: "Miro morir todas las tardes, tendida en mi cama. Pienso siempre en ti en esta hora apaciguada y dulce".

Magallanes Moure (a quien Gabriela Mistral leía y gustaba mucho de sus versos, aunque lo encontraba –en sus versos– atildado y femenino) fue su único gran amor, no cabe duda al tenor de esta evidente correspondencia, y su único gran delirio. El otro, Romelio Ureta, el joven coquimbano protagonista de los *Sonetos de la muerte* (premiados en los célebres Juegos Florales de 1914), desaparecerá y aparecerá en su vida como una sombra con más leyenda que suicidio, en un permanente vaho de fantasmas. Manuel, en cambio, es todo "luna, jazmines, rosas, todo pasta de lirios. Y yo, una cuchilla abierta en una tierra agria".

No menos de un centenar de cartas, de las cuales en este volumen se recogen sólo treinta y ocho, son el real y vivificador testimonio de una muy personal y única y secreta relación de amor. Durante su buen número de años (1914-1921) Lucila Godoy pone al desnudo su corazón y su alma y deja correr a borbotones su sentimiento –ya desesperado, ya anhelante– a través de la tinta epistolar, que bien es aquí su sangre y su lujuria, sus amargores y su amor. Pero ni en el momento más doloroso su palabra se debilita. Siempre ardiente, siempre llama viva que salva el pudor por un exceso de franqueza que no tiene excusa. Cartas trascendentes por lo que tienen de contenida evolución humana, emocionalmente conmovedoras. Y cartas, también, que se hacen reveladores y bellísimos textos de escritura prosística y, a veces, oracional.

Hay cartas breves, algunas casi recados (en ese tono de lenguaje recadero, tan singular y propio de una Mistral que gusta de lo conversacional y la oralidad), casi mensajes. Las más, extensas, de lata (no latosa) comunicación: "Tengo mucho que decirte, Manuel, mucho. Pero son cosas que se secan al pasar a la palabra". Por temor a que sus cartas fueran leídas por muchachones

ociosos en el correo de Los Andes, Gabriela Mistral las
firma con la letra inicial de su nombre legal: L (Lucila).
Aunque ella, por esta época (1915), ya había adoptado
definitivamente su nombre literario.

En algunas cartas, su autora trata de usted a Maga-
llanes Moure y, en otras, lo tutea. El yo de Lucila, el tú
de Manuel. El usted y el tú cambia según el estado de
ánimo o el avance de las relaciones: "Yo quiero mere-
cer su amistad algún día". O "Ud. se irritó conmigo".
También: "No me alabes tanto, voy a desconfiar de ti".

III

Jamás en parte alguna –recado, artículo, entrevista, otras
muchas cartas a destinatarios varios– Gabriela Mistral
dejó traslucir, en su tiempo, esta levadura amorosa epis-
tolar. Se conocían sus simpatías literarias por Magalla-
nes Moure, a quien elogia a veces como poeta, a veces
como pintor, señalando que "sus cuadros valían mucho
menos que su poesía". O se siente unida a "tan selecta
alma" por venir de una misma tierra coquimbana. Pasa-
rán varios años, casi una década después de la muerte
del poeta de San Bernardo (1924), para que la autora
de *Desolación* escribiera unos sentidos y valiosos reca-
dos, dando algo de luz acerca de esta ignorada corres-
pondencia:

"Entre un amor y otro caían sobre él unas grandes
desolaciones. A lo largo de nuestros centenares de car-
tas, yo le recetaba, para relleno de esos hondones, un
poco de fe en lo sobrenatural y de búsqueda de expe-
riencia interior. El dúo de las cartas era copioso e inútil;
pero continuó a lo largo de cinco años. El se sentía con
cierta obligación de cuido sobre mi poesía, yo con la
de un vago cuido de su alma. No llegamos a nada fue-

ra de conocernos un poco y de acompañarnos casi sin cara, porque hasta entonces no me había visto nunca".

En estos mismos recados (que se incluyen ahora por primera vez en este volumen), Gabriela Mistral hace el siguiente admirativo retrato del hombre Magallanes Moure: "Blanco, puro y un hermoso varón para ser amado de quien lo mirase: mujer, viejo o niño. Yo miraba complacida a este hombre lleno de estilo para vivir y, sin embargo, sencillo. Se parecía a las plantas escogidas: trascendía a un tiempo naturalidad y primor".

Resulta, por lo mismo, novedoso –de toda novedad– leer estas páginas epistolares empapadas de imaginaciones sensuales: "esta ternura mía es cosa bien extraña, no fui nunca así para nadie". O "¡Cómo te pertenezco de toda pertenencia, cómo me dominas de toda dominación! ¿Qué más quieres que te dé, Manuel, qué más?". Allá, en los recados, los decires depurados de todo apasionamiento, decantados serenamente por la lejanía y el tiempo. Acá, en las cartas, el ramalazo de exaltación a golpe de sien, un ansia muy grande de arrobamiento y amor. Y nada ha de extrañar si ella misma se consideraba –en sus cartas– una mujer vulgarísima, primitiva, incivilizada. Sólo un grande espíritu, en verdad, puede tener tan grande pasión: "mi corazón y mi pensamiento son una llama que clamorea al cielo. Y esos son mis días de dicha intensa". Amor que llega al misticismo en Gabriela Mistral: "Se parecen tanto el rezar y el querer intenso". Lectora y seguidora de Teresa de Avila, después de todo, y habitante de su propio *castillo interior.*

A veces usa un tratamiento de madre para con su hijo, o de hermana vieja. Le propone recetas a su destinatario, remedios para sus males y enfermedades, detallados consejos: "No haga desarreglos, no se desabrigue, no ande demasiado. Levántase tarde, no se

exalte, como abundantemente" (ella que en otros ren-
glones afirmaba vivir con poco y no comer lo más caro:
las carnes). También, con una seriedad mistraliana es-
cribe estas cartas Lucila Godoy. De cuando en cuando
una frase de aliento festivo llama a humor, a resuelta
gracia: "¿Te he contado que a un hombre que me qui-
so abrazar le di un bofetón y le rompí el tímpano?",
"Tonto, era mi día y no me viniste a ver". Evidencia,
además, de un lenguaje conversacional y riguroso que
caracterizará toda su obra. Una singularísima escritura
de noble y viejo cuño.

IV

Cuando Gabriela Mistral escribía estas cartas (en medio
de afanes y tareas diarias: "He preparado mis clases, hice
cuatro estrofas, contesté siete cartas y dos oficios, me
he cansado") su nombre era ya conocido, o empezaba
a conocerse, en las letras chilenas. Por esa época había
ganado los muy famosos Juegos Florales del año 14 (que
le dio nombre literario y para siempre), pasaba de los
25 de edad, sus poemas se divulgaban para bien y para
mal –bien para su poesía, mal para un buen conocimien-
to posterior de la misma– en los textos de lectura del
maestro-editor Manuel Guzmán Maturana, y anunciaba
un libro, *Suaves decires,* que nunca llegó a editar y que
más tarde pasarían a integrar la sección Dolor de *Deso-*
lación (1922). Magallanes Moure, a su vez, escribe y pu-
blica sus cuentos de sugestivo título *Qué es amor* (1915)
y, luego, sus poemas *La casa junto al mar* (1918), sin
moverse de su tranquilo retiro provinciano y tolstoyano
de San Bernardo.

    Y no sólo de amor hablan estas cartas. Entre los
"te amo mucho, Manuel" y "te besaré hasta fatigarme la

13

boca", Gabriela Mistral no oculta sus realidades contingentes que devenían en política y acción cívica por entonces. Le cuenta a su Manuel, por ejemplo, que su único amigo político es Pedro Aguirre Cerda (ministro de Integración Pública por aquellos años), "lo estimo sobre manera como hombre bueno y como hombre justo". Sus gratitudes hacia este hombre-político nacional la llevarán a dedicarle su primer libro –*Desolación*–, agradeciéndole la hora de paz que vivía. Y de Arturo Alessandri (años veinte y de fronda) dice que "a pesar de sus promesas de dar sólo a los capaces, no podrá dar sino a los impertinentes y pechadores". Le parece una insolencia "cada diputado infeliz que llega al Ministerio a dar órdenes como rey", o se queja de los políticos de baja extracción. Son, pues, los convulsionados años de la vida institucional del país, vida también que, a pesar de su amor, no le será ajena.

Si este maravillador epistolario se inicia hacia los finales de 1914 con unas cartas angustiadas de fervores religiosos y casi místicos ("¡Caigo tan alto como subí! No dudo de Dios, no; dudo de mí; veo todas mis lepras con una atroz claridad"), no será por capricho o mera vanidad de mujer. Es una etapa en que la Mistral bebe todos los sinsabores humanos: "estoy amarga hoy, ayer también lo estuve". Un tiempo de pesimismo que no se compadece con su "cara de monja pacífica", como se define a sí misma. "Yo nací mala, dura de carácter, egoísta enormemente y la vida exacerbó esos vicios y me hizo diez veces dura y cruel".

Pero toda paz –la paz de los buenos días– le vendrá al final de estas cartas, depurado ya todo sufrimiento y todo dolor, cuando dice ver con una claridad brutal a los seres.

V

Y en el invierno de 1921, con una Mistral que regresa a Santiago después de años de andanzas educacionales por Punta Arenas y Temuco, termina con "saludos cordiales" esta bella e intensa correspondencia. Apenas transcurridos tres años de aquel "hasta siempre" epistolar, Manuel Magallanes Moure, aún demasiado joven, muere de un ataque de angina. Mientras que ella, la fervorosa y la fugitiva de *Lagar* (1954), se ha ido a vivir su errancia por tierras extranjeras, llevando sólo su destino por almohada: "Nadie me quiso nunca y me iré de la vida sin que alguien me quiera ni un día".

Porque más que de amor, son de desamor estas cartas. En el trasluz de la realidad-irrealidad no pasan de ser uno de aquellos llamados amores platónicos (recuérdese su frase del "hermoso varón para ser amado de quien lo mirase"), o simplemente un frenético idilio de amistad. La posdata de la Carta XVI lo dice todo: "Hay una sola causa, una sola, ninguna más, que justifique el desprenderse de un pecho leal sobre el que se duerme: el desamor. Toda otra cosa (dificultades de carácter, mala interpretación de palabras) no pesa con peso alguno en esta balanza de amor. Examina tú si puedes acusarme de ese pecado".

Al parecer Magallanes Moure no se desvelaba por las confesiones y declaraciones de la pertinaz Lucila: "Tuya del más hondo y perfecto modo, Manuel, tuya como nunca lo fui de nadie; ¡tuya, tuya!" Lo repite una y otra vez como para prolongar el gozo en ella. Las respuestas de su destinatario llegaban de tarde en tarde, y cuando llegaban tenían más de alguna queja o reproche o un aire de piadoso romanticismo. Parece evidente, también, que nunca, en los siete años de correspondencia, llegaron a estar juntos el uno al lado

15

del otro. Ni se entrevistaron ni se vieron. Las citas no llegaban a cumplirse: "Te espero desde las 3 p.m.". "Mal día porque era mi cumpleaños y yo esperaba salir contigo al campo toda la tarde". "Ya no vienes y estoy triste". "En Santiago te esperé en vano". No llegaron, pues, a nada, fuera de conocerse un poco y de acompañarse casi sin cara.

Es probable que estas circunstancias hayan contribuido a provocar en la Mistral un desaliento y un desamor. Y algo así como una especie de obsesivo narcisismo al revés se fomentó en ella: "Tú no serás capaz de querer a una mujer fea". ¿Desengaño?, ¿amor no correspondido? Las interrogaciones, las exclamaciones y otros reiterativos signos se harán buenamente materia de escritura en sus talas y desolaciones. "No hay en mí pasta de amante entretenida". Y Gabriela Mistral, como en sus cuenta-mundo, se volverá ascética de carácter y de modo de vida, alimentándose frugalmente, más con vegetales que con carnes, vistiendo siempre su sobria vestimenta de faldas talares.

Con todo, no hay en estas resplandecientes cartas amores ocultos o amores secretos (aunque los hubo: "Manuel, ¿me acusa usted? Yo no lo acusaré nunca. Abracémonos"). Por el contrario, contribuyen hoy sin pudores ni temores a hacer claridad no sólo acerca de su vida, sino sobre una gran parte de su obra poética. Muchos de los poemas de *Desolación* (título que le viene de estas realidades espirituales), por ejemplo, serán ahora mejor comprendidos y entendidos.

Estas cartas de amor-desamor sorprenderán a quienes no conocen, o conocen malamente obra y vida de Gabriela Mistral ("estoy serena y bañada de bondad y de perdón en el alma"). Cada carta aquí es un mito

menos y una verdad más. Con razón escribió una vez
ella misma: "Para juzgar a una mujer hay que saber
cómo reza y cómo ama". También dijo, en esto de amar
y desamar: "Quiero mucho a las criaturas o bien no me
importan nada. Sufro cuando las quiero y cuando no
las puedo querer sufro también no sé qué vergüenza".
La literatura chilena, en cambio, se enriquece con un
epistolario amorosamente recreador.

JAIME QUEZADA
Santiago, julio 1999

CARTAS
DE GABRIELA MISTRAL
A MANUEL
MAGALLANES MOURE
(1914-1921)

Manuel Magallanes Moure.

Manuel, que sólo
por oírlo. No por mis
versos (los había
escuchado leer); no
por aquello de los
aplausos de una mul-
titud (unos momen-
tos solo entre la mul-
titud, me hacen daño);
por oírlo a Ud., por eso
fui... Si al menos lo hu-
biera visto! Pero ni aun
eso. No saqué de esa noche
sino que, una frase
de Ud. lo he mil tornado
me hiciera le muero
la capa central de mi co-

Carta I

23 de diciembre, 1914

Manuel:

Fui sólo por oírlo. No por oír mis versos (los había escuchado leer); no por aquello de los aplausos de una multitud (unos momentos sólo entre la multitud me hacen daño); por oírlo a Ud., por eso fui.

¡Si al menos lo hubiera visto! Pero ni aun eso.

No saqué de esa noche sino que una frase de Ud. sobre mis sonetos me abriera de nuevo la llaga central de mi corazón. Nada más.

En la vida ¿me huirá Ud., a sabiendas o ignorándolo, como anoche? ¿Es esto un símbolo?

Cuando yo vaya a su encuentro ¿extenderé mis brazos hacia una sombra fugitiva?

Tengo amargura. Es mejor que no siga.

Escúcheme. Necesito de Ud. una carta sin las hipocresías que le prescribí para otra. Si no llegara pronto quién sabe qué cosas se me incubarán adentro.

¡Estoy esta noche tan extraña! No me reconozco.

Un sueño suave de niño sano y puro para Ud., Manuel, en esta noche.

Lucila.

Tu carta me dejó a-
rra, sin acción, ¡hasta
sin, pensamiento! (¡A
qué hondo, Dios mío!
había llegado esto!)

No será contestada. Mi
anterior llevó palabras
necias que, destinadas
a acariciar, quisieron a
herir. ¿Por qué la escribí?
Porque el destino lo quiso.
Y esta última carta
debió ser larga, tanto como

esta amargura que
vela a la cabecera de mi
cama hace muchos días.
Manuel, yo rezaré
por Ud. tanto como
por mí, es decir, mucho.
Adiós, hermano.
Lucila

Carta II

24 de diciembre, 1914

Su carta me dejó sin voz, sin acción, hasta sin pensamiento; ¡a qué hondor ¡Dios mío! había llegado esto!

No será contestada. Mi anterior llevó palabras necias que, destinadas a acariciar, fueron a herir. ¿Por qué la escribí? Porque el destino lo quiso. Y esta última carta debió ser larga, tanto como esta amargura que vela a la cabecera de mi cama hace muchos días.

Manuel, yo rezaré por Ud. tanto como por mí, es decir, mucho.

Adiós, hermano.

Lucila.

—Por sus cartas, gracias; por lo que la última me ha desgarrado, gracias también.

Siempre pensé en que
lo que es la flor misma, la correc-
tivo y de la espiritualidad, de mis
relijiones, el amor a los seres, es-
tá en Ud. muchas, muchas cosas que
en mí. En Ud. es estado cotidiano,
en mí flores despues de luchas
reñidas con mi ánjel malo.
Siempre lo vi como Ud. se me presen-
ta; con un alma no viril (por viri-
lidad entiendo casi todo la rudeza,
i supe siempre que va por encon-
trar no la sangre espesa que da
las pasiones comunes, los celos,
los rencores, sino un temor que
de azucenas esprimidas. I veo
Ud. como se cumple aquí cierta
estraña lei segun la cual llega
a un paraje privilejiado un pe-
be anhelante atravesando
diez paises, i no elija, porque no
le tienta o porque tiene cobardes los
pies fuertes, el que está al mismo
nivel del paraje aquel, separado

Carta III

Manuel:

Siempre pensé en que lo que es la flor misma, la coronación de mi religión, el amor a los seres está en Ud. mucho, mucho más que en mí. En Ud. es estado cotidiano, en mí florece después de luchas reñidas con mi ángel malo. Siempre lo vi como Ud. se me presenta: con un alma no viril (por virilidad entienden casi todos la rudeza) y sufre siempre que va por sus venas no la sangre espesa que da las pasiones comunes, los celos, los rencores, sino un zumo azul de azucenas exprimidas.

Y vea Ud. cómo se cumple aquí cierta extraña ley según la cual llega a un paraje privilegiado un pobre anhelante atravesando diez países, y no llega, porque no le tienta o porque tiene cobardes los pies fuertes, el que está al mismo nivel del paraje aquel, separado de él por una pared frágil. Ud. no necesita ascender; está en el mismo plano, pero le repugna el esfuerzo y sobre todo un esfuerzo hacia cosas que le inspiran desamor.

¡El caso mío es tan diverso! Yo nací mala, dura de carácter, egoísta enormemente y la vida exacerbó esos vicios y me hizo diez veces dura y cruel. Pero siempre, siempre, hubo en mí un clamor por la fe y por la perfección, siempre me miré con disgusto y pedí volverme mejor. He alcanzado mucho; espero alcanzar más. ¿No ha pensado Ud. nunca que la fe sea un estado de vibración especial en el cual hay que ponerse para que el prodigio venga a nosotros o se haga dentro de nosotros? La materia necesita hallarse en tal o cual estado para quedar habilitada para tal o cual operación o transformación magnífica; en su estado natural es un imposible alterarla o realizar la maravilla que después se realiza. ¿No ha pensado Ud., cuando los descreídos alardean de no haber oído llamado alguno espiritual, que la fe mueva dentro de nosotros ocultos resortes, abra ventanas incógnitas que nadie sino ella pueda abrir, hacia lo desconocido? Ud. que sabe del amor a todo lo que vive habrá sentido que ese estado de simpatía es una felicidad. (Puede llegar al éxtasis.)

Bueno; este estado de fe a que le he aludido se parece mucho a ese estado de arrobo que da ese amor. De ahí que el que ama se parezca mucho al que cree y de ahí que la fe pueda llenar el sitio que el amor debió llenar en un alma. Santa Teresa y los místicos conocieron, dentro de la exaltación espiritual, el estado del amor como el más apasionado de los mortales no les quedó ignorado ese estado; tal cosa fue una inferioridad; lo conocieron enorme y arrebatador en sus éxtasis.

¡Se parecen tanto el rezar y el querer intenso! El estado de exaltación en el que florece la oración, lo llevo yo a veces todo un día. Voy orando, orando; mi corazón y mi pensamiento son una llama que clamorea al cielo por trepar hasta Dios. Y esos son mis días de dicha intensa. Será que riego las cosas de mi amor y gasto raudales de espíritu; ello es que tengo después depresiones lastimosas. Y tanto como oí de luz cegadora veo después de entraña negra; ¡caigo tan alto como subí!; un hastío me roe el corazón, que un día antes fue una apoteosis y suelo llegar hasta la desesperación.

No dudo de Dios, no; dudo de mí; veo todas mis lepras con una atroz claridad; me veo tan pequeña como los demás, escurriendo mis aguas fétidas de miseria por un mundo que es una carroña fofa. Sufro horriblemente. Sin embargo, estas etapas se hacen cada día más breves; ya no ocupan como antes años, meses, ni siquiera semanas. Yo he descubierto el enemigo: es la exaltación misma en el creer. Yo sé que la perfección no puede ser sino la serenidad. Y la busco, y la hallaré algún día. El arte daña para esta busca; el arte –y el de hoy más que otro– está impregnado de fiebre; convulsionado de una locura lamentable.

Yo no soy una artista, pero el ver estas cosas aún desde lejos daña. A mí me ha salvado la enseñanza. ¡Es tan vulgar y tan seca! Hay períodos en que yo trabajo salvajemente en cosas que ni aun necesito hacer, para gastarme esta exuberancia de fuerzas, para fatigarme el espíritu inquieto.

¿Por qué le hablo tanto de mí? No sé; me parece un deber mío mostrarle todo lo que de malo y de amargo yo alojo dentro. Cada día veo más claramente las diferencias dolorosas que hay entre Ud. –luna, jazmines, rosas– y yo, una cuchilla repleta de sombra, abierta en una tierra agria. Porque mi dulzura, cuando la tengo, no es natural, es una cosa de fatiga, de exceso de dolor, o bien, es un poco de agua clara que a costa de flagelarme me he reunido en el hueco de la mano, para dar de beber a alguien, cuyos labios resecos me llenaron de ternura y de pena.

Vea Ud., pues, cómo ésta que cree que siente a Dios pasar a través de ella como a través de un lino sutil, es tan miserable, tan llena de máculas al lado de Ud. y que

29

no cree. Esto mismo ¿hará que a Ud. no le importe el creer? No, hará que Ud. lo desee porque si con mi escoria negra suelo yo hacer una estrella (entrar en divino estado de gozo espiritual), Ud. con su pasta de lirios a qué zonas entraría, qué corrientes de luz eterna atraería a su mar, qué vientos cargados de olor a gloria bajarían a su valle, si Ud. quisiera gritar con todas sus fuerzas, *creo*.

No, yo no soy capaz de enseñarle nada y todo lo que puedo hacer por Ud. es matar sus ocios con cartas largas que le devoren una hora de fastidio.

La vida me ha dejado un guiñapo sucio de las ropas magníficas que mi alma debió tener y Ud. no puede, ¡no, por Dios, llamarme maestra! Si no fuera Ud. quien lo dice, me parecería una burla.

Respecto a los Juegos Florales: me dolió lo que un anónimo me decía porque –y aquí le confesaré uno de mis fanatismos– se me decía allí farsante. Ponga Ud. en lugar de esa palabra cualquier insulto, cualquiera, y me quedo tranquila; pero nada he cuidado más celosamente que de ser presuntuosa y me he arrancado con pinzas calientes las pequeñas vanidades que me asomaban a flor de labios y de ahí que me exaspere la palabra farsante más que otra cualquiera.

Sobre la publicación de la poesía, hay esto: Yo no he querido que la poesía se conozca, y esto por razones morales largas de contar. La he negado a varias publicaciones de provincia que me la pidieron. Sin embargo, alguien me la ha sacado de entre mis papeles y sé que la ha mandado a alguna parte. Por cierto que yo no he autorizado esto. Ni aun va firmada. Así, pues, agradézcole hondamente su bondadosa proposición y no la aprovecho por las razones dadas.

Le he dicho que tengo malos días. Este es uno y otros le han precedido. Hoy me he visto tan miserable que he desesperado de ser capaz de hacer bien. A nadie, a nadie puede dar nada quien nada tiene. ¡Dulzura! me he dicho. Pero si no la poseo. ¡Consolación! Si eres torpe y donde cae tu mano es para herir. Y este demonio me ha azuzado cruelmente. No es a los demás a quienes odio en estos días, es a mí, a mí. No sé; el negror de los pinares se me entró en el espíritu.

A propósito. Corrija en ellos cambiando en "Así el alma era –*tapiz* sonrosado–", tapiz por alcor.

Debí empezar hablándole de unos ejercicios para su salud. Llenarán mi próxima. Espero lavarme de mi lodo de pesimismo y estar limpia para mi próxima. ¿Es verdad que Ud. mejora? ¿Usa Ud. también las mentiras piadosas de que me habla? El 4 de febrero me voy a Talcahuano, talvez dos días antes, talvez.

Rezo por Ud. esta noche, con fervor intenso.

L. Godoy.

Carta IV

Manuel:

Tengo por el campo un cariño sincero, no el de la mayoría de los poetas, que no lo es tal. Tengo una ambición única que me ayuda a vivir. Alimento 10 años de servicios, casi para 11. Espero conseguir que me abonen 4 más. Jubilaría con la 1/2 o 1/3 de sueldo en 4 años más. Yo vivo con poco; no como lo más caro: las carnes; me visto pobremente. Procuraré tener de aquí a cuatro años un pedazo de tierra con árboles y me iré a vivir lejos de toda ciudad, con mi madre, si aún vive; si no, con mi hermana o con un niño que deseo criar.

Tengo un ansia muy grande de descanso. Quiero leer mucho, estar sin la gente y sembrar y regar árboles. Es un deseo que se me hace a veces desesperación y quiero realizarlo más luego, más. La enseñanza es mecánica y es amarga. Yo que he trabajado desde los 15 años me he fatigado demasiado pronto. Esta conquista del pan ha sido para mí –antes– demasiado dura y estas cosas me han arruinado energías, alegrías, esperanzas, que hoy no puedo resucitar.

Debieran tener los hombres, Manuel, un criterio distinto para apreciar cada esfuerzo y para juzgar cada acto de los que nos hemos peleado cara a cara con la miseria para que la miseria no nos entierre en el lodo. Si con un criterio así me juzgaran, Manuel, podrían perdonarme el que hoy se haga en mí un eclipse moral y tire al suelo mi fardo y diga vigorosamente que quiero tener un paréntesis de amor y de dicha, que me lo merezco, que de los rosales del camino esta vez quiero cortar una rosa, una siquiera, para seguir después la jornada aspirándola y cantándola. Todo esto me ha venido a flor de labios y por una carta que junto con la suya recibí de mi mamá.

He aquí que me detuve en el camino a beber y que mis ojos se enamoraron de la fuente más pura, bordeada de helechos más finos, la que daba su canción más dulce, la que prometía más frescura a los labios resecos. Esta fuente era ajena; pero quería dar su cristal.

¿Cómo dejarla después de oír su clamor: ¡"Bébeme"! y después de haberla visto tan serena y tan honda? Los hombres que acusen y que lapiden; Dios quizás perdone por las heridas que daban a la viajera la fiebre que la llevó a beber; por la plenitud de la fuente, que se hacía dolorosa; porque aquella fuente quería ser aliviada de su exceso de frescura, de linfa azul.

Manuel ¿me acusa usted? Yo no lo acusaré nunca. Abracémonos renegando del error fatal de la vida, pero amándonos mucho, porque este dolor de ser culpable sólo puede ahogarse con mucho, con mucho amor.

Lucila.

Carta V

25 de febrero, 1915

Manuel:

Tengo un Cristo único con unos ojos que en vano busqué en otros. Más tarde te mandaré una copia de él.

Cuando vuelvo a mi cuarto tras larga ausencia tiene un modo especial de mirarme y de interrogarme: "¿Qué te hicieron? ¿Por qué vienes más triste?"

Y yo: "Señor, yo quería remendar la saya rota de mi pobre vida. Dulce mano fina como la tuya me daba hilos claros, flequería de aurora, para unir los jirones. Yo estaba como en un encantamiento. Pero he aquí que la mano solía dar pocas hebras y era que tejía vestido de alegría a muchas almas.

Como la otra vez, Señor, yo iba cantando por el camino segura de su mano que iba entre las mías; pero su cuerpo mismo me cubría a la otra mujer que iba prendida de su otra mano. Y sucede, Señor, que yo soy de esos pobres soberbios que no reciben sino el pan íntegro, que no admiten poner la boca para recoger las migajas del banquete.

Tú ves, Señor, cómo sería piadoso que un día esta angustia suave que me exprime el corazón se hiciera mayor y me acostara ella en la tierra; Tú ves que se ahorraría alguna vergüenza y algún infortunio.

Hoy no, dice que mi charla le entretiene y suele hacerle olvidar. Puede que así sea. Le llenaré los huecos de fastidio que se le hacen en el espíritu. Cuando ya haya dejado su soledad, lo cederé a los demás.

Dije mal: él se cederá a los otros, Señor, Tú sabes que no hay en mí pasta de amante entretenida, Tú sabes que el dolor me ha dejado puesta la carne un poco muda al grito sensual, que no place a un hombre tener cerca un cuerpo sereno en que la fiebre no prenda. Para quererlo con llama de espíritu no necesito ni su cuerpo que puede ser de todas, ni sus palabras cálidas que ha dicho a todas.

Yo querría, Señor, que Tú me ayudaras a afirmarme en este concepto del amor que nada pide; que saca su sustento de sí mismo, aunque sea devorándose. Yo querría que Tú me arrancaras este celar canalla, este canalla clamar egoísta.

Y te pido hoy esto y no desalojar el huésped de la aurora que hospeda tres meses el corazón, porque te diré, es imposible sacarlo ya. Como la sangre se ha esparcido y está en cada átomo del cuerpo, como energía para vivir, del espíritu, como yemas de alegría.

Y esparcido así ni con tenazas sutiles se puede atrapar. Señor, es un diablillo! Cuando has creído tomarlo se te hace humo".

Lo que el Cristo me contesta irá después.

Contéstame por certificado bajo mi nombre.

Suavemente, en las sienes.

Lucila.

Carta VI

26 de febrero

Manuel:

Ya fueron de aquí dos mías que Ud. ya ha leído.
Por ellas sabe la causa de ese silencio que casi fue defi-
nitivo. ¿Razones para esa resolución extrema? me dirá Ud.
Ninguna, Manuel; si desde algún tiempo yo he salido de
la órbita donde se mueven los seres equilibrados.

Pero ya el torbellino pasó, Ud. lo ha visto. Perdó-
neme tantas miserias y quiera justificarlas: ¡Me han he-
cho tanto mal en mi vida! Agregue a eso la convicción
sencillamente horrible que tengo sobre mí: nadie me
quiso nunca y me iré de la vida sin que alguien me quie-
ra ni por un día.

Estoy muy triste de saberlo enfermo, primero, por
lo que Ud. padece; segundo, por todo lo que sobreven-
dría si Ud. se agravara. Cuando uno se enferma de gra-
ve mal nos consideran propiedad suya, como un objeto
triste, los nuestros. Así lo tomarían a Ud. y yo no po-
dría verlo jamás. ¿Comprende mi amargura? Es preciso
que Ud. sane, porque quizás teniendo salud la vida nos
ponga una fisonomía menos dura.

A pesar de la ráfaga de locura que me pasó por la
cabeza y por el corazón, yo le pido que confíe en mí.
Mi verdad se la diré siempre. Le contaré todos mis tor-
mentos, mis dudas, mis vergüenzas y mis ternuras.

Hoy ya no tengo mi paz de ayer. ¿Lo notó en la hoja
que agregué a mi anterior? Pero yo soy robusta y puedo

37

resistir mucho. Quiero que no discutamos "la manera de querernos". Si el amor es lo que Ud. me asegura, todo vendrá, todo, según su deseo. Si estoy en un error muy grande separando la carne del alma, toda mi quimera luminosa será aplastada por la vida y querré como Ud. desea que quiera. Pero no me engañe, Manuel, no me dé una mano reservando la otra para retener quién sabe a qué fugitiva. Yo no estoy jugando a "querer poetas"; esto no me sirve de entretención, como un bordado o un verso; esto me está llenando la vida, colmándomela, rebasando al infinito.

Dígamelo todo. (En poco más le diré cómo me escribirá con confianza.) Y cuando me conozca y el edificio dorado se derrumbe, sea honrado, dígamelo también. Yo no le pediré sino eso: lealtad, nada más. Yo lo sufriré todo: el no verlo, el no oírlo, el no poder decirle mío porque mío no puede ser; todo, menos que juegue con este guiñapo de corazón que le he confiado con la buena fe de los niños.

Sane, no haga desarreglos; no se desabrigue; no ande demasiado; levántese tarde; no se exalte, coma abundantemente.

Espero con ansia su carta. ¡No sé de su corazón hace tanto tiempo! Como sus cartas me dicen poco de él, se me antoja extraño, lleno de otros sentires, consumido de otra fiebre, repleto de otras cosas. ¡Si yo pudiera creer un momento siquiera que al menos hoy es mío, bien mío! ¡Si en este momento de ternura inmensa te tuviera a mi lado! En qué apretado nudo te estrecharía, Manuel!

Hay un cielo, un sol y un no sé qué en el aire para rodear sólo seres felices. ¿Por qué no podemos serlo? ¿Lo seremos un día?

Tu L.

Carta VII

Manuel:

Le empiezo a mandar los versos de mi librejo. Lo que me diga que elimine, lo eliminaré. Nadie está más desorientada que yo sobre lo que hago.

Parte del libro será de prosa. Me parece la mía muy amanerada, con algo de las muchachas siúticas. En el verso suelo obtener sencillez. Ese *Himno Cuotidiano* es un balbuceo. Se hizo hace mucho tiempo. Descanso en que me dirá verdad. Querrá Ud. evitarme el ridículo, que arrojado sobre una maestra es más lamentable que en otro caso cualquiera.

Observará Ud. por ahí las dos cosas que luchan en mí: el amor a la forma y el amor a la idea. Este me ha vencido y así prefiero mi *Himno al árbol,* que es un sermón rimado, la exposición de mi ideal de perfección, a mi *Angel Guardián* y a otras cosas finas. El niño arroja todo el encaje de la frase y coge vigorosamente el pensamiento.

Lanzado este libro que ha sido mi razón de vivir con mi madre, en el año que se fue y a medio hacer ya el otro, ¿para qué voy a vivir si mi madre se me va? Yo sé que no sólo nadie me quiere, sino que nadie me querrá jamás.

Cristo mío que me ves escribir, Tú me darás una nueva razón de existir porque, Tú lo sabes, hay días en que el llamado de las tumbas es demasiado vigoroso para no oírlo.

Espero su carta certificada. ¿Me traerá calor al corazón? Hoy lo tengo frío y triste, aunque hay sobre mí un cielo como para cobijar seres felices. Que esté muy sano.

¿Se acuerda de mi oración de ayer? Yo pedía querer plácidamente; no pedir nada, no poner carne sentidora al colmillo de los celos. ¡Si yo pidiera siempre! He tenido hoy un día único; es un día de los de antes, de los de 1913 y parte de 1914. En este estado de ánimo deberían contarme todos sus amores. No me sacarían una gota de sangre. He preparado mis clases, hice cuatro estrofas, contesté siete cartas y dos oficios, me he cansado, pero no de ese cansancio que hace sufrir. El corazón no me ha dolido. En suma: un hechizo, pero un buen hechizo. Cristo mío que me miras escribir, dame muchos días así.

Empezaré mis clases sólo el 21. Gustosamente le escribiría todos los días, pero temo mucho cansarlo, Manuel. ¿Va mejorando? ¿Le ha vuelto tos y dolor de espalda? Suelo yo usar una fricción para este dolor y es infalible. Si arreglo sola mi encomienda de libros le pondría un frasco. Si me la arreglan no, porque daría margen a bromas. Me pasa algo curioso con Ud., yo no sé hacer remedios, no los he hecho nunca a nadie y he aquí que sueño con hacérselos a Ud. Soñé una vez poniéndole unas franelas sobre el pecho. Otra vez,… ¿Pero para qué le cuento niñerías? En una muchacha serían adorables; en mí, no.

A propósito: le oí recitar a Lambrina en Concepción la *Cantiga de otoño* de Ric. León: ¡Qué tarde, amor, a mi heredad viniste!, y lloré mucho. ¿Verdad que tenía razón?

Voy a rezar y luego me dormiré. ¿Sabe? Mi Angel Guardián está tomando las facciones suyas. Es peligroso… Buenas noches, Manuel.

Su L.

Carta VIII

Manuel:

Tu carta debió llegar ayer y llegó hoy en la noche.

Me he puesto tan contenta de saberte tranquilo y afectuoso. Vuelvo a decirte: No tienes derecho a llorar lejos de mi pecho. Guárdamelo todo –amargores y amor– porque todo cabrá en mí y porque no quiero que nada tuyo se pierda en otras manos, ni siquiera la sal de tus lágrimas. Sed tengo de ti y es una sed larga e intensa para la que has de guardarte intacto. Guárdame los ojos hinchados de lágrimas; sólo sobre mi cara han de aliviar de ellas. Dolorido te amo más. Me acrece la ternura hasta lo infinito al saberte dolorido.

Tus cartas ardorosas no hacen en mí lo que tus cartas sufrientes. ¡Como la de hoy, amorosas! Sin... (No termino, ¿quieres?) Pero todas esas cartas tienen razón de ser; copian horas diversas. A la hora de la siesta se escriben *aquéllas* ¿verdad?

Me gusta mucho escribirte en la noche, pero ahora me duelen los ojos de leer o escribir a estas horas. Y alguna vez cuidaré algo de mi cuerpo: los ojos. Al cabo son tuyos y he de quererlos por esto.

Sigo mañana, jueves día festivo. No me despido. Vas a pasar conmigo la noche.

Lucila.

41

Carta IX

Manuel:

Hace tres días estoy resfriada. En la noche me viene fiebre; en la mañana me levanto por no molestar con que me reemplacen. Y me levanto dolorida de cuerpo y alma. Me dan ganas de preguntar: ¿Quién me ha pegado?

Por la suya de hoy, veo que la hojita a que reduje mi anterior no le llegó. Dígame si fue así. El jueves ha debido recibirla. Era una hojita pequeña, escrita a lápiz. Me temo pérdida de cartas. En el Correo hay dos muchachos muy interesados (por mera curiosidad) en mis cartas.

Sáqueme de dudas. No le escribo más; lo haré luego y veremos lo que hace para que podamos conversar. No le escribo más porque no quiero disgustarlo. Estoy amarga hoy, ayer también lo estuve. Luego pasará. ¡Ah! si oyera tu voz como aquella vez en que me leíste versos!

Más que verte quiero oírte.

En las sienes delicadas.

Tu L.

Carta X

Alojaba yo cuando iba a Coquimbo en una casa que era los altos de la que él ocupaba.

Esta noche de que voy a hablarle salía la familia a la playa. Temiendo verlo allí, yo no quise ir. Yo sabía que *él* estaba de novio y evitaba su encuentro. Lo quería todavía y tenía el temor de que me leyera en los ojos (él, que tanto sabía de ellos) ese amor que era una vergüenza.

Desde el corredor de la casa se veía el patio de la suya. Me puse a mirar hacia abajo. Había luna. Vi el sirviente que traía de adentro unas ropas que pensé serían de él –de su patrón–; después le oí gritar: "Ya me voy, patrón". Comprendí que el patrón no había salido. Me senté y seguí mirando y oyendo. ¡Lo que vi y lo que escuché!

La novia había venido a verlo y por evitar, quizás, la presencia del amigo con quien compartía la pieza, salió con ella al patio. Por otra parte, talvez la luna los llamaba afuera. Trajo para ella un sillón; él se sentó en un banquillo. Recostaba la cabeza en las rodillas de ella. Hablaban poco, o bien era que hablaban bajo. Se miraban y se besaban. Se acribillaban a besos. La cabeza de él –mi cabeza de cinco años antes– recibía una lluvia de esa boca ardiente. El la besaba menos, pero la oprimía fuertemente contra sí. Se había sentado sobre el brazo del sillón y la tenía ahora sobre su pecho. (El pecho suyo, sobre el que yo nunca descansé.)

GABRIELA MISTRAL: CARTAS DE AMOR Y DESAMOR

Yo miraba todo eso, Manuel. La luz era escasa y mis ojos se abrían como para recoger todo eso y reventar los globos. Los ojos me ardían, respiraba apenas; un frío muy grande me iba tomando. Se besaron, se oprimieron, se estrujaron, dos horas. Empezó a nublarse y cuando una nube cubrió la luna, ya no vi más y esto fue lo más horrible. No pudiendo ver, imaginaba lo que pasaría allí, entre esos dos seres que se movían en un círculo de fuego. Yo había visto en ella temblores de histérica; él era un hombre frío, pero claro es que era de carne y hueso.

No pude más. Había que hacer que supieran que alguien los veía de arriba. ¿Gritar? No; habría sido una grosería. Despedacé flores de las macetas de arriba y se las eché desmenuzadas sobre lo que yo adivinaba que eras sus cuerpos. Un cuchicheo y después la huida precipitada.

¿Ha vivido usted, Manuel, unas dos horas de esa especie? Vea Ud. lo que pasó al otro día. Iba yo a embarcarme para La Serena, cuando al salir me encontré con él. Como otras veces, traté de huirle. Me alcanzó y me dijo: Lucila por favor, óigame. Tenía una mancha violeta alrededor de los ojos: Yo otra un poco roja. La de él, pensé yo, es de lujuria: la mía era la del llanto de toda la noche. Lucila, me dijo, mi vida de hoy es algo tan sucio que Ud. si la conociera no le tendría ni compasión. Quizás quería contarme todo; pero, yo no le contesté, no le inquirí de nada. Lucila, le han dicho que me caso. Va Ud. a ver cómo va a ser mi casamiento; lo va a saber luego.

¿Qué pasaba en ese hombre a quien faltaban diez o quince días para unirse a aquella a quien, a juzgar por lo que yo oí, quería? ¿Qué alianzas son estas, Manuel? Ella queriéndolo y explotándolo hasta hacerlo robar; él hablándome de su vida destrozada, a raíz de esa noche de amor, con algo de la náusea en los gestos y en la voz. Esas son las alianzas de la carne. A la carne confían el encargo de estrecharlos para siempre y la carne, que no puede sino disgregar, les echa todo y los aparta, llenos ambos de repugnancia invencible. Siguió hablándome y acabó por decirme que en mi próximo viaje (que era en fecha fija) me iba a ir a esperar a la estación. No pudo ir, se mató 15 días después.

Le he contado esto para que crea usted que puede decírseme todo. Yo estoy segura de que no podré sufrir jamás lo que en esa noche de pesadilla. Estoy hecha para esto, para que se quieran a mi vista, para que yo oiga el chasquido de sus besos y les derrame jazmines sobre sus abrazos de fuego. Aquel en 1909; hoy cualquier otro...

¿Lo estoy ofendiendo, Manuel? Perdóneme, en mérito de que le evito el relato fatigoso de lo que su carta ha hecho en mí. Los seres buenos se hacen mejores con el dolor; los malos nos hacemos peores. Así yo. Perdóneme.

Su L.

Manuel, me queda
la esperanza de tener
carta tuya hoi. Nada ele
ji. Quizás hago mal en
no respetar su silen=
cio, quizás. Si ud. estuvie
ra sano, yo no le es
cribiría; pero está en
fermo; i no puedo estar
tanto tiempo sin saber
cómo sigue. Yo no tengo
otro medio de saber
de su salud que pregun
tándoselo a ud. lo sensi
ble. — He estudiado =
su silencio mucho;
no le he hallado razon
Yo no he sido mala.

Carta XI

Manuel, me quedaba la esperanza de tener carta suya hoy: Nada llegó.

Quizás hago mal en no respetar su silencio, quizás, si Ud. estuviera sano, yo no le escribiría; ¡pero está enfermo! No puedo estar tanto tiempo sin saber cómo sigue. Yo no tengo otro medio de saber de su salud que preguntándoselo a Ud. Es sensible. He estudiado su silencio mucho; no le he hallado razón. Yo no he sido mala. Dios sabe que nunca fui para ningún hombre buena como para Ud. Nada he hecho. ¿Por qué Ud. calla hace ya tanto tiempo? Pensé que podía ser por mi anuncio de que salía por la semana; pero sé bien que le decía que esperaba para salir recibir su carta. Me la anunció y yo fui cuatro días mañana y tarde al correo, cosa que jamás hago. Luego le avisé que no salía por esperar a Guzmán Maturana que venía a trabajar en unos libros de lectura conmigo. Nada, nada, nada.

Hoy viernes comprendí que ya Ud. no me escribe más. Y le escribo yo, a pesar de eso, no para torcer su voluntad, que respeto como nadie, Manuel, sino para pedirle que de algún modo me haga saber cómo sigue su salud. Ud. no me negará esto. Nada más que dos líneas, hasta que esté ya bien. No crea que es una estratagema para "atraparlo", para procurar atraerlo, no. Se lo aseguro con toda mi verdad. Aparte de esa Lucila que lo ha querido a Ud. apasionadamente, hay otra Lucila que es capaz de interesarse por Ud., por su vida, por su dicha. Sin que Ud. sea para ella otra cosa que un hombre inteligente y bueno. Así me es absolutamente necesario saber si Ud. sana o se empeora; sin esto estaré cuando menos intranquila. ¡Si podrá ser verdad esto *con Ud.* cuando pasé rezando largamente el 7 por Víctor Domingo Silva; ¡al que sabía en peligro y del que no soy sino amiga a secas!

Hoy trabajaba con Guzmán cuando el mozo llegó del Correo. Era mi última esperanza. Cuando me dijo: No hay ninguna revista certificada, se me apretó la garganta. He vacilado antes de escribirle, pero me ha vencido este pensamiento honrado: ¿Por qué callo si nada he hecho?

Dos líneas Manuel, dos palabras: "Estoy alentado" o "Estoy enfermo"; nada más. Yo no exijo más. Tengo una gran dulzura en el alma. Me parece que Ud. es también otro muerto que no quiso darme un poco de dicha. Me parece que estoy sola en un páramo. Y no me desespero. Estoy serena y bañada de bondad y de perdón en el alma.

Si hay algo de Ud. contra mí yo no lo molestaría escribiéndole siempre que Ud. me conceda el aviso que le he pedido sobre su salud.

Hasta luego, Manuel.

Lucila.

(Sábado 2 de la mañana).

Carta XII

Manuel amado:

Perdóname por esta carta a máquina; es que en mi pieza desordenada no he hallado ahora ni una mala pluma.

He tomado en serio lo de que no tiene revistas "que mandar certificadas" y le devuelvo la suya y le envío dos más. Llegan aquí *Sucesos, Zig-Zag, Pacífico* y *La Mañana*. Más de una vez he pensado en ofrecérselos. Después he creído que le interesan poco. Si no es así, ha hecho mal en no insinuarme su envío; me haría muy feliz pidiéndome algo.

Le agradezco la lectura del artículo de Armando Donoso sobre uno de los poetas que me interesan, y más, muchísimo más, lo que lo obligó a certificarla... ¿Observa que del circo he llegado reidora y bromista?

¿Es verdad que estás tan *sanito* y tan gordo? Ni eso le creo, parece...

Esta noche no tengo fiebre: voy a dormir bien. El resfrío se me ha prolongado porque no me he echado a la cama. Hay dos profesoras enfermas, y, en general, no me gusta molestar a nadie por reemplazo. Soy para la gente que trabaja conmigo, excepción hecha de la directora, cordial sin amistad alguna; la experiencia me ha hecho así. Mis rarezas sanas, que a nadie dañan, son interpretadas mal por la gente "sensata y correcta" y de ahí la distancia y el frío que hago entre mis compañeras y yo.

Le he hablado de cosas zonzas deliberadamente, por no hablarle de otras dañosas.

9 PM (Domingo)

¿De qué te dolía a ti el pecho? Te pregunto, porque ahora tengo yo el dolor fijo a lo largo del esternón. En la noche me despierta.

Me ha hecho bien una larga conversación con las estrellas. Me han serenado. ¿Tú las quieres por inquietas y por suaves de mirar?

¿Sabe qué nueva *maña* he tomado? Se me ocurre que todo lo que le digo lo molesta, lo fatiga. Las cartas se me van haciendo cortas por eso. El pesimismo me ha sitiado en todo sentido.

Mira, empiezan a hacer fríos. Abrígate mucho el pecho, tápate bien en las noches; no andes por suelo húmedo, como me cuentas que lo haces. Me sienta, eso sí, dar consejos. Y si me vieras en este rato, verías que me sienta más. Estoy tomando mate, con los pies sobre las brasas y contándole cuentos para que no se me aburra, al mozo que me sirve. El pobre tiene prenda y en la noche le espera en la puerta; ahora por darme mate no le va a decir su galanteo al pasar. Me siento abuela. Deseo tener junto a mí un niño rubio y rosado que fuera mío y que me repitiera estos cuentos. El mozo cree muy ordinario esto de tomar mate. Vinieron recién a buscarme y como yo dije que estaba ocupada él halló "inconveniente" contar que no salía al aire por lo del mate...

Debo estar muy cruel esta noche, porque le acabo de decirle al pobre muchacho: "Deja en paz a la chiquilla, que no te va a hacer caso. El amor no quiere nada con feos. Ya lo ves en mí". Y me dice: "Lo de feo

52

es lo de menos, patrona, es lo de pobre lo peor". Hoy hubo votaciones y me pregunta sobre eso de los municipales y los diputados y yo le explico largo...

Así viene el sueño y me voy con gusto a la cama.

¿Habrá pasta de amante en esta abuelita que toma mate y cuenta cuentos y da lecciones de escepticismo junto a las brasas? ¡Y que un poeta le crea otra cosa y le escriba cartas de amor! (Hay que pegarle a ese poeta.)

Ya sabes como te pego yo.

Tu Lucila.

Hoi he estado mui
preocupada de ti. Ras-
ves: no recibo carta den-
de de Sátas. el Domgo. fué u-
na muy larga. Crei tener
respuesta ayer u hoi: Hai
algo mas. En el correo se
les ha despertado un extra-
ño interes a unos mucha-
chos vecinos por mis car-
tas. Un mozo Santelices
(hermano de Lisandro)
se fué a Rio Blanco (cor-
dillera) i me escribió dende
allá. le contesté, como es
lójico, i la carta desapareció
tubo reclamos i hasta amena

Carta XIII

Manuel:

Hoy he estado muy preocupada de ti. Razones: no recibo carta desde sábado. El domingo fue una mía larga. Creí tener respuesta ayer u hoy. Hay algo más. En el Correo se les ha despertado un extraño interés a unos muchachos ociosos por mis cartas. Un mozo, Santelices (hermano de Lisandro), se fue a Río Blanco (Cordillera) y me escribió desde allá. Le contesté, como es lógico, y la carta desapareció. Hubo reclamo y hasta amenaza de él de llevar el asunto a Stgo. La carta apareció y –yo la vi– sin duda fue abierta. Es este el único hombre del pueblo que viene al Liceo y que se dice amigo mío. Lo creen otra cosa y de ahí lo de la carta. Es un niño (20 años); pero como en el pueblo son escasos los hombres, no les parecería raro que yo me interesara por el muchacho.

Más: ayer llegó una postal de un amigo que me trata con afecto. Venía sin sobre y la leyeron en un corrillo en el Correo. El mozo del Liceo oyó la lectura y los comentarios.

Le cuento todo esto para justificar mi temor de que me abran una carta mía o tuya. No te pongas todas tus iniciales, ¿quieres?

Hay uno de los empleados que tiene el ojo más listo y no comenta ni lo de Santelices ni lo del de la postal. Llegó trayéndome tu último certificado: el colmo de la atención, los paquetes a domicilio. Y con todo descaro me dijo: el poeta Magallanes ¿está ahora en El Melocotón? Despachó él mismo la encomienda para ti.

Se explica esta *intrusidad* en gente ociosa y que vive por y para el chisme. Yo misma les he fomentado la curiosidad con mi vivir cerrado a todo el mundo. No voy a la Iglesia, no visito casa alguna ni dejo que me visiten. Hay razón: es un pueblecito como todo pueblo chico, de infierno.

El domingo me pasó algo que relaciono con estas cosas. Voy a contártela.

Un joven hacendado se hizo acompañar y vino a verme *por libros*. Se desprendió luego del compañero y me habló de amor y luego de matrimonio. Yo no me explico esto, sino como un modo de sondearme, porque quizás les parezca un enigma en esta faz sentimental de la vida. Cuando le hablé de que tenía trazada mi línea de vida se sorprendió. Tiene fortuna, es simpático, es instruido y de costumbres campesinas. "Como a Ud. le guste", me agregó. Es un hombre sencillo, pero como desconfío de todo el mundo, lo creo capaz de haber venido, inducido por otros, a observarme. Cuando le declaré que no debía alentar ninguna esperanza, se sorprendió aún más.

Quizás hubiera sido conveniente no obrar así; quizás hubiera podido desviar los ojos de los demás hacia él, de modo que jamás te descubran a ti; pero el procedimiento me pareció bajo y además se trata de un hombre superior a mí, que ni como amigo toleraría. En todo hombre rico hay siempre un bribón para una mujer pobre. Y soy demasiado altiva para tolerar ni siquiera la sospecha de que miro a lo alto con deseos de trepar.

He callado el asunto a los míos, porque estoy segura de que les hubiera parecido ventajoso y, cuando menos, me harían aceptar sus visitas.

Perdóname esta carta tan loca.

Hay otra razón más para que me preocupe no saber de ti. El que tardes en escribirme de ésa me preocupa más que tus silencios de El Melocotón. Significa mucho más. ¿Por qué? Tú lo comprendes.

Todo en ti lo respeto y de ti espero todas las franquezas. Cuando en tu vida –y esto pasará tarde o temprano– se resuelvan conflictos que no pueden ser eternos, yo debo ser eliminada en absoluto. Tú me lo dirás, sin temor de hacerme daño. No soy una niña y aunque parezca loca, comprendo y respeto ciertas cosas sagradas. Tú me lo dirás. Prométemelo así.

En tus labios, dulce, larga, absolutamente.

Lucila

13.- 10 P. M.- Me leseanté
a las 3 P. M. Llovía, hacía
mucho frío; me quedé en
cama leyendo. Después,
he trabajado; solo la noche
me queda, como ayer, para
conversar contigo.

Tengo mucho que decirte,
Manuel, mucho. Pero son co=
sas que se secan al pasar a
la palabra.

Me dices ingenuamente:
"Dame la dicha, dámela; tú
puedes dármela." Y Comprun=
da hasta la tortura, yo miro
en mí; veo con una claridad
perfecta, que yo no podré dár=
tela, Manuel. Amor, nuestro

Carta XIV

Manuel:

10 PM. Me levanté a las 3 PM. Llovía, hacía mucho frío y me quedé en cama leyendo. Después, he trabajado y sólo la noche me queda, como ayer, para conversar contigo.

Tengo mucho que decirte, Manuel, mucho. Pero son cosas que *se secan* al pasar a la palabra.

Me dices ingenuamente: "Dame la dicha, dámela; tú puedes dármela". Y conmovida hasta la tortura, yo miro en mí y veo con una claridad perfecta, que yo no podré dártela, Manuel. Amor, mucho amor; ternura, ternura inmensa como nadie, nadie, la recibió de mí; pero ni ese amor ni esa ternura te darán felicidad, porque tú no podrás quererme. ¡Si lo sabré yo, si lo habré comprendido bien! Este es el punto que tú evitas tratar y es el único que debiéramos tratar, porque es "el único que importa".

Tú no serás capaz (interrógate a ti mismo) de querer a una mujer fea.

Hoy, ayer, varios días, desde que mi viaje se ha decidido, vivo pensando en nuestro encuentro. Y me voy convenciendo de que va a ser él la amargura más grande de mi vida. Tú eres bondadoso, y querrás dejar ver el golpe, y (eso será lo peor) me hablarás con cariño. Tal vez llegarás a besarme, para engañarte más que para engañarme. He observado que hay en ti un gran deseo de engañarte, de creerte enamorado, de gritarte conmovido. Quieres conmigo aturdirte como un mal aguardien-

59

te, para olvidar; no me alegues; ¿qué puedes alegar? Todo lo que dices, tu acariciar y tu emocionarte hasta lo más hondo es por lo que tú crees que soy yo.

¡Si fuera posible evitarte y evitarme el sufrimiento que, seguramente, te va a sangrar y me va a sangrar en ese encuentro! Pero, no hay remedio. Los dos lo queremos, los dos lo llamamos con desesperación. Yo lo querría mañana mismo. Porque te quiero más cada día y porque tampoco es posible que tú estés en el ridículo de una situación así: viviendo para un absurdo y por un absurdo.

Esto crece, y me da miedo ver cómo me estás llenando la vida. Todo me lo has barrido; los menudos cariños por las niñas, hasta por las gentes que viven conmigo, se apagan. No tengo tibieza de brazos, palabras afectuosas y actitud de amor sino para ti. Y hay todavía tres meses de espera; tres meses de quimera para ti y robustecimiento para mí de una cosa que, seguramente, tú mismo me pedirás que arranque. Te aseguro que no me parece ya un juego ni algo sin peligro. Me da miedo. ¿Qué hacer? No hay remedio. ¿Para qué hablar, fantasear contando con el futuro, si estamos edificando sobre una locura? Y no hay remedio.

Alguna vez he pensado en mandarte un retrato mío en que esté parecida (porque el que tú conoces es muy otro) ¡pero eso es ineficaz! Tu imaginación siempre pondría luz en los ojos, gracia en la boca. Y algo más: lo que más ha de disgustarte en mí, eso que la gente llama el *modo* de una persona, no se ve en un retrato. Soy seca, soy dura y soy cortante. El amor me hará otra contigo, pero no podrá rehacerme del todo. Además, tardo mucho en cobrar familiaridad con las personas. Este dato te dirá mucho: no tuteo absolutamente a nadie. Ni a los niños. Y esto no por dulzura, sino por frialdad, por la lejanía que hay entre los seres y mi corazón.

¿Conseguirán tus ojos aquel día mostrarme tu alma de modo que la confianza brote en el acto y eche los brazos al cuello en la realidad como te los echo en la *imaginación?* No, porque tus ojos, leales a tu alma, no tendrán luz de amor en aquel momento. Tú no podrás quererme, Manuel. Esto me lo he dicho mil veces hoy día. Mira, el domingo pasado cuando ese hombre me hablaba de su simpatía por mí le oía con rabia como se oye a un embustero. Eso fuera de la irritación que da el que alguien le hable de ternura cuando se tiene llena el alma de ella, pero para otro. Y eso que ese hombre quizás pueda querer a una mujer fea, porque él no es lo que eres tú físicamente ni lo que eres como refinamiento de espíritu. No hay quién me convenza hoy a mí de que puede quererme. Sólo un idiota.

Dime la verdad, Manuel. ¿Tan grande es la ceguera que tú mismo te has dado que nunca has pensado en lo que puede resultar de nuestro encuentro? Dime la verdad: ¿no te ha atormentado este pensamiento como me atormenta a mí? ¿Serás capaz, te dejará la bondad ser honrado para no tocarme, para no decirme una palabra más de cariño, después del desengaño?

Perdóname, pero yo no te creo capaz de esta generosidad, por lo mismo que tú ya conoces de antemano el efecto que hará en mí. No discutamos los modos de amarnos; hablemos de esto que es lo inmediato y lo esencial: Tú ¿me querrás fea? Tú ¿me querrás antipática? Tú ¿me querrás como soy? Te lo pregunto y veo luego que no puedes contestarme.

Como un niño me hablas, con toda la ingenuidad de un niño y me dirás. Sí. Te siento niño en muchas cosas y eso me acrece más la ternura. Mi niño, así te he dicho hoy todo el día y me ha sabido a más amor la palabra que otras.

Esta ternura mía es cosa bien extraña. El amor es otra cosa que esta ternura. El amor es más pasional y lo exaltan imaginaciones sensuales. Me exaltan a mí sobre todo tus palabras doloridas y tiernas "desviadas un poco del ardor carnal". Quizás tu mirada me conmueva más que abrazo; quizás me dé tu mirar la embriaguez que los demás arrancan de caricias más íntimas.

¡Niño mío! Yo no sé si mis manos han olvidado o no han sabido nunca acariciar; yo no sé si todo lo que te tengo aquí adentro se hará signo material cuando esté contigo, si te besaré hasta fatigarme la boca, como lo deseo, si te miraré hasta morirme de amor, como te miro en la imaginación. No sé si ese miedo del ridículo que mata en mí muchas acciones bellas y que me apaga muchas palabras de cariño que tú no ves escritas, me dejará quietas las manos y la boca y gris la mirada ese día. ¡Ese día! Si voy a sufrir mucho ¿no será preferible evitarlo, Manuel? Pero es necesario. Te prometo procurar que estemos solos. Sería padecer más si fuera delante de otros.

No te escribo más, aunque quisiera seguir. ¿Por qué? Porque esta carta me ha hecho sufrir más que otra alguna. Es terrible esta situación. ¿Serás capaz de quererme después de haberme visto? Como un heroísmo talvez. Pero yo no admitiría heroísmos de esa especie.

Tuya, tuya, completamente, inmensamente.

L

Cuando me mandes un certificado, previéneme. Y pon la carta no tan a la vista. Pega dos hojas. ¿Por qué eres tan flojo? El mismo día de despachar el certificado despachas carta simple.

Carta XV

Manuel amado:

Todo el día he andado preocupada de ti, de la carta que te escribí anoche. Los gritos de la gente en la estación, a la llegada de los Cancilleres, no me espantaron esta preocupación. ¿Encontraste fría o seca esa carta? Dímelo. El temor de haberte disgustado me ha seguido todo el día. He tenido el ánimo "entristecido y amoroso". Esta preocupación de haberte lastimado levemente, cómo dice de mi quererte hondamente. Yo no soy un buen corazón. Cuando he hecho un daño suelo decirme con un egoísmo brutal: "Más me han hecho otras gentes a mí". Contigo no. Por ahorrarte una lágrima andaría un camino de rodillas.

De rodillas: esa es mi actitud de humildad para ti, y de amor. Y nunca yo he sido una humilde, aunque la gente crea eso de mí, por mi cara de monja pacífica. Mira, he tomado mi café (tiritaba de frío) y he cerrado los ojos para verte, y he exaltado mi amor hasta la embriaguez y hubiera querido prolongar el gozo muchas horas.

Te adoro, Manuel. Todo mi vivir se concentra en este pensamiento y en este deseo: el beso que puedo darte y recibir de ti. ¡Y quizás –seguramente– ni puedo dártelo ni pueda recibirlo! Si me convenzo del todo, del todo, que tú no vas a dármelo, yo no iré a verte, Manuel. No quiero sufrir más.

En este momento siento tu cariño con una intensidad tan grande que me siento incapaz del sacrificio de tenerte a mi lado y no besarte. En este momento, Manuel, no quiero ir a Stgo., no quiero obligarte a ser falso, besándome con repugnancia, ni quiero padecer eso que no he padecido: estar muriéndome de amor frente a un hombre que no puede acariciarme. ¡No quiero ir! Encargaré a Munizaga –como ya le he encargado– todo lo referente a mi libro, y no voy. ¿No tengo suficiente con lo que he padecido en mi vida? No, Manuel, no quiero ir. No me digas que vaya; déjame: este puede ser un augurio.

Alguna vez se ve claro en el futuro. –Mira: te represento aquí, frente a mí. Para esquivar la emoción no te miro, miro a un lado, pero te oigo y te veo, por virtud de esta horrible imaginación, que te hace tangible aun a la distancia. Tú desilusionado, quieres matar el momento con una conversación banal. Yo comprendo y se me hielan las manos y el alma y me exprimen el corazón con fierros, como una pulpa inerte.

Ahora, tú te has ido. Y yo me he quedado sola, pero de una soledad que no es mi soledad de antes. Me rebelo contra todo, hasta contra Dios. Ya en días pasados sentí esa rebelión. Pensaba: Este diario batallar con niños, este cotidiano sembrar amorosamente en almas de niños que no son mis hijos ¿no merece que *esto* que ha venido a mí se me haga dicha? ¿No ha de ser *esto* la moneda de diamante en que Dios me pague lo que vale una vida entera agotada en seres extraños? Y yo misma me contestaba: Fuiste a buscar amor por sendas que los hombres han vedado, y lo que para todos es alegría y hasta orgullo, para ti ha de ser siempre, siempre, amargor y pecado.

Vuelvo atrás. Yo me he vuelto aquí, y la paz ya no será más conmigo, después de ese encuentro desgraciado. No, Manuel, no voy. Te ruego que no me llames. No voy. Es preferible que siga soñando con que tú me besas amorosamente. He estado loca cuando te he prometido ir y cuando he pensado que podía ser esa la hora en que la dicha me hiciera llorar entre tus brazos.

Te amo mucho, mucho. Acuéstate sobre mi corazón. Nunca otro fue más tuyo ni deseó más hacerte dichoso.

Lucila

P.D. ¿Despedazas estas cartas?

Carta XVI

Manuel:

Tu advertencia de que te ibas a El Melocotón y el hecho de que no me dijeras cuándo volvías, significan, sencillamente, que quieres mi silencio sobre tu carta. Una vez más te desobedezco: debo darte las gracias por la revisión bondadosa de mis papeles y por tu bondadoso juicio sobre ellos.

Tu carta, Manuel, no es una consecuencia de la mía; "es un pretexto, mal hallado", pero feliz, quizás. Esta carta tuya fría no puede ser respuesta de aquella mía que pudo ser angustiada, pero que era, talvez, la que con más intenso cariño escribí para ti.

He de decirte que no la leí entera. ¡No era posible! Vi tu trato para mí, busqué con desesperación una palabra, una siquiera, que borrara o atenuara lo odioso del conjunto. No la hallé y no quise leerla más. Primero esa angustia que ya tú conoces en mí; después, esta calma de ahora, esta tranquilidad en que queda una conciencia que no ha obrado mal, esta resignación del que no es del todo malo, cuando ha visto que lo arrojan franca, abierta, claramente. Porque ésta es la verdad. Tú me has arrojado de tu lado sin un motivo, como el otro.

¡Gracias, Manuel, por este castigo, por esta humillación amarga que por tu mano tan amada me dan otras manos! Te confesaré que jamás, jamás, creí que de ti me viniera un golpe así, sin razón, que una carta enferma de ternura se contestara de este modo por un alma tan suave y tan justa como la tuya. Ya estoy tranquila. No le estaría si en la tuya hubiera habido una palabra de amor al dejarme; ¡no lo estaría: "me moriría de pena y de ternura en este momento".

Por haber sido lo suficientemente desamorado al señalarme el camino por donde debo ir sola, gracias, Manuel!

Quiero rectificarte un error. Tú me hablas de remordimientos por haberme hecho perder mi paz. Es un generoso olvido tuyo ése. Fui yo la que la primera vez que "me arrancaste de tu cuello", me aferré a él sin querer dejarte. Recuérdalo. Después de eso, toda la culpa caía sobre mí; nada de ella era parte tuya.

Una vez, Manuel, tú me preguntaste: ¿Y es este Dios el buen Dios, este que manda unos tras otros los dolores sobre sus seres? Yo te pregunto ahora con ese mismo reproche: ¿Y éstas son las almas mejores que alientan, estas que tiran como un trapo miserable, un amor, una vida, un ser que se dio a ellas?

No te pido respuesta.

Tienes razón cuando me dices que me consolaré. Tú sabes que de otro amor se hizo el tuyo en mí. Yo también me sé todo lo mujer soy, todo lo pobre criatura de miseria, para volver a querer.

Estoy serena, estoy muy tranquila porque me han arrojado.

Tú, Manuel, creías en mi amor. ¡Cómo somos de diferentes! Si yo hubiera creído en tu amor "nada ni nadie" me habría hecho aceptar tu separación. Yo no he creído en el tuyo, por eso te veo irte sin que haga el ademán de retener lo que nunca fue mío.

"Nada, ni nadie me separará ya de ti!" Así me decías en una carta después de nuestra reconciliación aquella vez. ¡Palabras, palabras!

Despedazada tu carta, me arrepentí. Te había pedido la mía, para guardarlas las dos como una prueba de lo que han sido conmigo aquí abajo, de lo que he dado y de lo que me han dado, del amasijo leal de lágrimas y amor que eran mis palabras y de la esponja seca que me tiraste como respuesta.

¿Soy dura? Soy sincera. Porque me pediste que no te ocultara "uno solo de mis pensamientos", por eso, te conté cómo temía que me conocieras y cómo temblaba al pensar que pudiera no merecer un beso tuyo! He sido tan ingenua contigo. No siendo un ser dulce ni un ser alto, me hice dulzura y saqué de mí lo mejor que tenía para dártelo.

Pero has obrado bien, te han defendido las presencias invisibles, Manuel. Yo te lo digo por la última vez y con más energía que nunca, no soy digna de atar las correas de tu calzado. Soy una pobre mujer. Quería con toda mi alma hacerte feliz, labrarte una humilde alegría con mis caricias. No lo habría conseguido nunca.

Si te parece injusta esta carta, Manuel, recorre en tu memoria la tuya y pregúntate si fuiste alguna vez más franco para señalar la puerta a una persona cualquiera.

Recorre en tu memoria la mía y procura hallar en ella *"el trato que tú me diste"* y aquel nombrar el amor como una cosa perfectamente pretérita.

Estoy tranquila. Gracias por no haber puesto en tu carta una humedad de lágrimas, ni siquiera un estremecimiento de piedad. Gracias por haberte alejado como el otro, dejando "pleno el estanque que para ti llené"; por haberte arrancado con un movimiento de repulsión de mis brazos dejándolos tibios, tibios de la tibieza que para ti se hicieron, sin que en ellos hubiera un solo impulso de rechazar.

Estoy tranquila. Puedes verlo en la placidez de la letra.

Rezaré por ti, aunque tú no creas en los rezos. Paz para ti, y también amor, pediré con amor mucho tiempo al Cristo.

Tu L.

–También fue por egoísmo que no di fin a la lectura de tu carta, por evitarme más dolor. Ese cargo tuyo es justo, pero hay otros que no lo son. Sin embargo, yo no quiero defenderme de ellos.

Quitando los reproches nada queda de tu carta y yo prefiero haber oído tu palabra, sea cual fuere.

Anoche en sueños (tú te reirás, lo sé) el otro habló conmigo. Y me dijo entre otras cosas que él fue menos cruel para mí. Y es la verdad. La última vez que estreché su mano hubo en ella presiones amorosas para la mía y algún temblor en la voz.

En tu despedida nada sino reproches. Te beso mientras duermes, en las sienes (despierto me rechazarías) y te digo adiós sin rencor, tu

Lucila

P.D.- Hay una sola causa, una sola, ninguna más, que justifique el desprenderse de un pecho leal sobre el que se duerme: el desamor. Toda otra cosa (dificultades de carácter, mala interpretación de palabras) no pesa con peso alguno en esta balanza de amor. Examina tú si puedes acusarme de ese pecado. Toda tu vida habrás sido justo –yo te siento profundamente bueno–, pero esta vez has sido inmensa, absolutamente injusto. Te he dicho la verdad siempre; al dejarte te la digo también.

Carta XVII

Domingo

Manuel, perdóname la que hoy te puse al correo. Tú sabes que no tengo fe en los seres, como tú no la tienes en Dios y que he tenido razón, mucha razón para creer lo que he creído, para escribir lo que he escrito y sangrar como he sangrado.

Voy a contarte para que, en parte, comprendas mi estado de ánimo, la impresión que el recibir tu paquete me dio.

Anoche te escribí la que recibirás con ésta. Me dormí muy tarde. Ha sido ésta una verdadera semana de Pasión (de Calvario) mía. Desperté esta mañana tan sin fuerzas físicas y morales, que me levanté a las 2 P.M. Tenía la certidumbre de que carta tuya ya no me llegaría y no mandé al Correo. A las 2, fue el mozo por iniciativa propia. Cuando me entregaron tu paquete entre otras cartas y diarios, mi emoción fue tan grande, Manuel, que no podía abrir la faja de la revista. Rasgada, me puse con una torpeza de manos paralíticas a hurgar entre las hojas. En las dobladas no estaba la carta. ¿Era que no venía? Cuando cayó en mis faldas la tomé y la empecé a leer en un estado indescriptible. Ríete de lo que voy a contarte: las manos se me sacudían como las de un epiléptico. No podía ni tener el papel ni leer, porque los ojos no veían… Créeme, Manuel, así fue.

Pensaba hallar ahí quién sabe qué sentencia, algo parecido a la que me mandaste una vez, ¿te acuerdas? y que también me dejó sin aliento.

71

Tuve que serenarme y guardar la carta unos momentos. Después respiré hondamente, como el que ha estado a punto de ahogarse, y me tiré sobre un sillón, como otra vez, exhausta por la emoción que casi me mata. ¡Qué dicha tan grande después de un martirio de tanto día!

Este no es amor sano, Manuel, es ya cosa de desequilibrio, de vértigo. ¡Y en mi cara beatífica, y en mi serenidad de abadesa! ¡Qué decires de amor los tuyos! Tienen que dejar así, agotada, agonizante. Tu dulzura es temible: dobla, arrolla, torna el alma como un harapo fláccido y hace de ella lo que la fuerza, la voluntad de dominar, no conseguirían. Manuel, ¡qué tirano tan dulce eres tú! Manuel ¡cómo te pertenezco de toda pertenencia, cómo me dominas de toda dominación! ¿Qué más quieres que te dé, Manuel, qué más? Si no he reservado nada, ¿qué me pides? ¿Quieres que llegue a estado más lamentable aún que el que te he pintado por la incertidumbre de lo que pasaba en tu predio de alma? Verdad es, Manuel, que tengo de la unión física de los seres imágenes brutales en la mente que me la hacen aborrecible.

Cuando hablemos tú justificarás esto que tú llamarás una aberración mía. Pero te creo capaz de borrarme del espíritu este concepto brutal, porque tú tienes, Manuel, un poder maravilloso para exaltar la belleza allí donde es pobre, y crearla donde no existe. A través de tu habla apasionada y magnífica, todas las zonas del amor me parecen fragantes e iluminadas. Tu esfuerzo es capaz, creo, de matarme las imágenes innobles que me hacen el amor sensual cosa canalla y salvaje. Tú puedes hacerlo todo en mí, tú que has traído a mis aguas plácidas y heladas, un ardiente bullir, una inquietud enorme y casi angustiosa a fuerza de ser intensa.

Gracias por tu promesa de eliminar toda violencia,

todo apresuramiento odioso en el curso de este amor. Gracias! Bueno, dócil, generoso, te quiero mucho más aún. Buena seré para ti, generosa y dócil, tanto o más que tú. Te lo digo de nuevo, el saberme tuya me da una felicidad que no sé describirte; el oírme nombrar por ti como tu criatura, tu humilde y ruin pertenencia, me llena los ojos de llanto gozoso. ¡Tuya del más hondo y perfecto modo, Manuel; tuya como nunca fui de nadie; tuya, tuya! Lo repito para prolongar el gozo en mí. Perdóname este egoísmo.

Dices tú: "Esta plenitud de vigor (de amor) casi me es dolorosa. ¿Dejarás tú que mi linfa se la beba la tierra y no querrás beberla?" No, Manuel. Una loca sería. 1º si el amor se te hace doloroso yo no amaría bien si prolongara tu dolor sacrificándote a mi concepto absurdo de la unión de los seres. 2º si tú me aseguras que esa unión agrega algo a la seguridad del amor, aprieta más la trabazón espiritual, si me convences, sobre todo, de que el hastío no sigue inmediatamente al abrazo estrecho, si me convences de que "tú no serás mío en absoluto sino cuando ese abrazo se haya consumado", entonces, Manuel, yo no podré negar la parte mía necesaria a ese que tú crees afianzamiento y, más que otra cosa, "no podré tolerar que haya una porción de emoción en ti que me haya quedado ajena por esta negación mía a darme del todo".

Porque yo quiero beber tu linfa toda, sin que en un hueco egoísta me reserves una parte de frescor y de exaltación. Te adoro, amado mío, y me vence este raciocinio: si la zona de amor que en mí no halla va a buscarla en otra parte ¿no habría torpeza y maldad en mí al negársela? Me vence ese raciocinio. Siénteme tuya, no dudes, no me arrebates nada, todo lo tuyo, me digo, es justo que me sepa a encantamiento y a dicha. Manuel, te amo inmensamente.

Ya te he dicho lo que me pasa. Dispongo de poco tiempo; no te doy más detalles. Piensa en mi amargura al sentirte en estos días amargos hostil para mí. Deseaba con locura tu palabra y tú callabas con una pertinacia inicua. He padecido mucho, pero ya el ánimo se levanta. Estos son los milagros del amor. Te ruego que no me retes por mi carta de hoy temprano. Si miras bien, soy yo quien tiene derecho hasta a pegar. Lluvia de golpes (de besos) te daría al tenerte a mano.

Deseo verte mucho más de lo que tú dices desear verme. Aún no es posible. Aprendamos a esperar. Yo no sé si en nuestro primer encuentro yo sea para ti como en mis cartas. ¡Te tengo un poco de vergüenza! Pero sé que deseo estar sola contigo para acariciarte mucho. Sé que querré tenerte entre mis brazos como un niño, que querré que me hables así, como un niño a la madre, desde la tibieza de mi regazo, y que cuando te bese perderé la noción del tiempo y el beso se hará eterno. Sé que me desvanecerá el goce intenso; sé que la embriaguez más intensa que me haya recorrido las venas la sacaré de tu boca amada. Sé que beberé un sorbo de dicha que me hará olvidar todos los acíbares que vengo bebiendo hace tantos años. Sé que seré capaz en mi exaltación de hacerme una prolongación de ti; de tu fervor, de tu alma suave, de tu carne misma.

Manuel, yo espero la dicha de ti. Yo espero vivir contigo un momento supremo que pueda yo revivir en el recuerdo por cien años más de mi vida, sacando de esa visión divinización, dicha, para todo el resto de camino. Manuel, no puedo amarte más. ¿No lo comprendes así? ¿Pides más aún?

En los labios mucho tiempo.

Tu L.

Carta XVIII

Manuel:

Creí que no me iban a dejar sola y te escribí eso siquiera. He estado el día en cama, pero por achaques que no valen la pena. Estoy sumamente preocupada porque creía tener dos palabras tuyas el lunes. Carta mía debió llegarte el domingo. ¿No fue así? Dos líneas creí que me vinieran el mismo día. Espero. saber de ti mañana.

Dime en cada carta cómo sigues. la última tuya es muy contradictoria. "Estoy bien, un poco nervioso, nada más". Y luego: "Cierta inquietud, cierto malestar del ánimo, no del cuerpo".

Saco en limpio que mi carta del sábado te hizo daño. No me lo niegues. Me hallas razón, pero te hizo daño. Te aseguro que te la escribí con mucha ternura, aun en medio del reproche.

Tu Lucila

21.- esta... dejó,
para q. Yo no quiero ver
... Que pensé hace
tiempo; recuerdo... No
quiero, pero a pesar
mío... reñir así, dejar
a por malos caminos
... Mi carta que ud.
dejó a ... puede haber
le disgustado, pienso. Puede
Ud. haber deducido de
... adversas para
mí; ... hará mal en
deducirlas. Trabamos cosas
tan escabrosas, tan difíciles
de decir en cartas, que yo pre-
fiero callar ..., Ud
mal. Así, pues, sin ...
me no me juzgue a las

Carta XIX

Manuel:

Carta suya no llegó otra vez. Yo no quiero pensar lo que pensé hace tiempo ¿recuerda? No quiero, pero el pensamiento se me va, se me va por malos caminos siempre.

Mi carta que Ud. leyó el domingo puede haberle disgustado, pienso. Puede Ud. haber deducido de ella cosas adversas para mí; pero haría mal en deducirlas. Tratamos cosas tan escabrosas, tan difíciles de decir en carta, que yo prefiero callar detalles, Manuel.

Así, pues, sin oírme, no me juzgue absolutamente, Manuel. Tengo razón para pedirle esto.

Escríbame; se lo pido humildemente.

Tu L.

Carta XX

19 de noviembre

Manuel:

Su carta me ha dado un asombro como no podría expresarse: el silencio de dos años era ya todo el olvido que cabe y su carta última parecía una lápida. La he leído dos veces y he pensado como antes que me habla un hombre en un momento de fiebre. Porque no cabe en cabeza humana juntar estas cosas: el motivo de nuestra ruptura y la ternura que dice haber conservado para mí; ni en la cabeza más loca de las que usted ha acariciado cabe juntar ese silencio hacia una mujer desterrada y triste y una piedad siquiera pequeña, menos aún un afecto.

Si un hombre a quien yo solamente conociera –a quien yo no amara– cayera a la cárcel, yo sentiría mi deber de consolarlo, sólo por haber estrechado alguna vez su mano. Yo era más que una relegada, era un ser puesto al margen de la vida, por un destierro inconcebible. Usted, por un juicio irreverente hacia una mujer ni siquiera alta por haberle querido, se irritó conmigo.

Después de su ternura para mí, la segunda sorpresa es ésta, su vida triste. Yo he sabido de usted siempre, por retoñar de pasiones viejas, de esas que están ya trenzadas con sus huesos, o por amoríos de cada primavera. Por esto, supe callar. He tenido siempre el respeto de la dicha ajena. Le he de decir toda mi verdad. Nunca me hallará usted hipócrita. Las primeras noticias

79

me fueron como una quemadura; las siguientes las justifiqué con un ligero escozor de mujer olvidada; las que vinieron después no movieron en mí una sola fibra. Esto lo sentí como una nobleza, mi única nobleza.

Ahora leo la pintura de su vida, y no me convence. Talvez usted la ve así, no lo dudo. ¿Qué le llevaría a mentirme? ¿Quién soy yo? ¿Qué he sido para usted que no fuera la ingenua mujer de provincia digna de desprecio hasta en su ternura sagrada? Usted ve así su vida; pero no es así. El tipo del Tenorio que fija en usted todo el mundo –óigalo bien que todo el mundo– es demasiado ordinario para que yo lo junte con usted, con el alma finísima y bella que es usted. No creo que sea el burlador de mujeres sino el conmovido de cada hora. Así como existe el hombre al cual cada paisaje de la Tierra le inspira una forma de emoción o de amor, ha de haber en usted un paisajista de las almas, que va pasando sobre ellas amándolas a todas, gozando con cada una, eternamente entregado y eternamente libre, resbalando dichoso sobre diversas formas de afecto y de admiración. Usted no ha podido ser desgraciado, porque ser desgraciado es únicamente esto: o no hallar a quién entregar el alma o haberla entregado absolutamente y no poder recuperarla. Estas dos cosas no existen en usted.

Usted está enfermo, eso sí, y como enfermo es un irresponsable de los dolores que siembra, de los sueños que despierta y no cumple, no realiza. Su tristeza no es de falta de amor, sino de falta de vitalidad, no es la suya una crisis espiritual. Piense que creo todo esto para bien de usted, para mirarlo todavía limpio y hermoso.

Me pregunta por mi vida. En dos palabras cabe mi estado actual: no sufro. Se me ha derrumbado todo, y estoy tranquila, y tranquila sin estoicismo. Yo no sabía y no hubiera creído antes que el pensamiento pudiere liberarnos de todo. Así era: he pensado, he tenido un momento de lógica fría y me he curado de muchos dolores que eran sencillamente una necedad mantenida con pretexto de hermosura. Me han curado con la maldad, definitivamente. Un bueno no me hubiera hecho tanto bien. Manuel.

Siento en mí un alma nueva. Como la naturaleza es sabia de un modo inconcebible, me dio el veneno de la verdad y me dio el remedio en formas sutiles. Veo con una claridad brutal a los seres, y no los odio; se me han hecho transparentes los procesos de ciertas deslealtades, el manantial de ciertas cosas monstruosas, que yo llamé antes así, y que son naturales y simples. Es una maravilla que gozo día a día. Antes no observaba; tenía la intuición y creía tenerla. En verdad iba ciega de idealismo, con una verdadera borrachera de sentimiento. Creí que la conciencia que vi en algunos seres sería el mayor suplicio y no lo es. Esta conciencia no mata la piedad, al contrario: con los ojos abiertos se compadece más, se es más delicadamente dulce. La única diferencia es que en la dulzura una no se da sino levemente. Viene una especie de pulcritud del alma, que aborrece el exceso por dañino o por ridículo, y una aparta los ojos a tiempo, se despide a tiempo de los seres y las cosas.

No sé si me he dado a entender. Soy torpe como siempre, y este corazón nuevo, aún no le sé decir bien. El viejo talvez sabía hablar mejor.

Perdóneme que lo trate de usted. ¿Cómo es posible que quiera usted hacerme pasar de este trato a un tú que correspondió a otra alma, *después de tantas cosas?* Piense un poco; sea menos niño y comprenda.

¿A dónde me voy? Parece que a la Argentina. Estoy cansada de la enseñanza, no de ella misma en verdad, sino de agregados odiosos que tiene. Profesora, era yo otra cosa; esto no es para mí.

Le ruego que no me alabe. Si usted ha pensado de mí lo que dice, tendría que creer que su alma era pequeña, pues no supo quererme. Lo que puede decirme, y volveré a serle dulce, es que me creyó dura, vulgar y mala. Pero encontrar un alma como la que usted pinta y no hacerle sino daño, sería fatal, Manuel.

Tranquilícese, porque esa alma yo no he sido nunca. Piense así siempre, cuando llegue a pensar en mí.

Alguna vez me he dicho: –No quiero irme de mi tierra definitivamente sin conocerlo, es decir, sin hablar con él. Le he visto en Santiago, a mi vuelta de Magallanes, y lo hallé otro. Con esa fisonomía no lo soñé nunca, el de mi éxtasis tenía otro rostro y ha hecho usted bien en desfigurárselo como lo ha hecho. Es una gran paz para mí.

Podré ahora hablar con usted, antes de irme, si eso es posible. Me conocerá por fin, no ya a través de retratos que le hagan las mujeres que lo han querido y sabrá lo que soy: una mujer vulgarísima, que el dolor envenenó sólo un tiempo, que ahora es serena y que le hablará como una hermana vieja no como una madre, que eso fuera demasiada ternura, de un amor, como de un muerto adorable que se ha hecho polvo, pero cuya fragancia se aspira todavía en el viento que pasa, en la primera flor de la primavera.

Le saluda.

L.

Carta XXI

Manuel:

Leo esta carta y la siento antipática. Leo otra vez que Ud. me pide le hable con el alma y no con el cerebro. No tengo alma, Manuel. (No es literatura, por desgracia esto no es una frase.) Y, sin embargo, nunca he sido tan piadosa para los demás. Comprendo hoy, *sé*, que el bueno es el que siente poco. Mi enloquecimiento espiritual de toda mi vida me dio violencias que hoy me repugnan.

En días pasados, Winter me trajo a un pariente suyo: Dn. A.C.M. se le parece algo a Ud., sólo algo. Conversé con él tres o cuatro horas, contenta.

Duda Ud. de que aún yo lo estime. Sólo le diré esto. Una compañera sabe mi pena. Le dije . . . .
. . . .

Jamás me he arrepentido de que haya pasado por mi vida. Es el alma más delicada que yo haya conocido y el que me desprecie no significa que se me empañe ni un momento la visión que tuve de él.

En días más le escribiré –me conteste o no Ud. sobre su estado. Volveré a darle consejos, sin esperar nada de Ud. para mí. Me duele su pesimismo. Yo conozco lo que en Ud. pierdo en la vida y los hombres.

L.

Carta XXII

14 de diciembre

Manuel:

Injusta su carta última. Me lastimó y no quise contestarla rencorosa. Por eso he callado. Ya he olvidado algo y vuelvo a hablarle.

No me trate de usted. Déme esta alegría que es para usted fácil. Yo le soy una extraña, pero usted no es un extraño para mí. Tráteme como siempre, míreme como siempre.

Una mentira de mi Carta anterior tengo que retirar: la de que lo he visto últimamente. No; es un retrato suyo desfigurado. (¿Por qué hizo cambiar su fisonomía de mi sueño?) Me dio la impresión anotada en mi carta anterior. No lo he visto.

Sea bueno mientras yo esté en esta tierra. Nada gravoso le irá de mí.

No me siento con fuerzas para levantar su espíritu. El mío ya no es fuerte aunque, cosa extraña, es tranquilo por vez primera. Padecer era un vigor de mi alma. Ya no padezco.

En vacaciones le escribiré o le mandaré versos, cuando no pueda, por razones que no quiero decir, escribirle.

Que Dios lo guarde, porque lo deseo yo vivamente, porque usted lo necesita más que los que en El creen, y que yo tenga palabras suyas de tarde en tarde.

Lucila

Carta XXIII

25 de diciembre

Manuel:

Acabo de recibir su telegrama, que he contestado. Nada sucede sino que, en un ímpetu, de esos que no se pueden dominar, escribí aquella tarjeta. Un momento después estaba arrepentida: le obligaba a una cosa difícil y urgente. Perdóneme. ¿Qué tiene? ¿Es cosa grave? Dígamelo pronto.

Voy a salir, en cuanto quede libre: 1º ó 3. Iré a P. Varas. Serán unos cuatro días. Volveré para quedar estos meses en una quinta de los alrededores. Puede alterarse mi itinerario: si me llaman de Santiago, tendré que ir. Si no, iría en Marzo. En mis estadas allí, todo se me va en diligencias y visiteo tonto que atender. Me falseo y ando molesta de esto mismo.

Dígame cómo sigue y no aluda a mi tarjeta directamente. Mis deseos por su salud.

L.

Carta XXIV

Manuel:

En mi anterior, que ya le habrá llegado, habrá visto algo de lo que motivó mi tarjeta. No puedo darle detalles: se trataba de decidir mi futuro y quise *saber,* saber la verdad mirándote y sintiéndome. Fueron tres días de lucha tremenda cerca de un ser. Ya pasó eso. Quedó la solución, a pesar de mi urgencia, pendiente.

No es posible verte en otro pueblo en la forma que dices. Creo que no te hará mal un viaje a este pueblo: tiene una montaña maravillosa, que jamás miro, por la cual no ando sin recordarte a cada paso por el césped. Deseo que la sientas. Puedes venir por ella. Yo te daré un desengaño: ella te va a encantar. Dime cuándo puedes venir, para no irme. Acuérdate que está pendiente mi viaje lejos.

Que te mejores, que sanes, que estés ya bien aliviado.

Con ternura.

L.

Carta XXV

29 diciembre, 1920

Manuel:

Hoy 29 me llega otra carta tuya. La extraño un poco: es tranquila, no tiene ansiedad. ¿Será que desde que te llamé te va naciendo indiferencia? Pero no es fría la carta; es apacible. Me ha acariciado, pero de otro modo.

Tú me dices que te hable de mí y quiero contarte algo. Siempre hallé en tus cartas una absoluta indiferencia por cuanto no era amor. De ti mismo, fuera de tu estado de ánimo, nada me has dicho. Era un daño. Porque yo tengo una curiosa alma con días baldíos de sentimientos, unos llenos de ideas y los más de actos. Comprendo que son días inferiores; mas, la verdad es que dominan sobre los otros. Al ser tales días inaprovechables para una conversación contigo, tú me suprimes la mitad de las cartas. Y me acordaba de tal impresión que me dejaste, hace poco.

Una compañera, que está de novia, se escribe diariamente con su caballero, y yo suelo decirle en broma: –¿Qué se cuentan ustedes? –Todo, me dice ella, hasta las planillas de pago que yo escribo. –Me parece muy bien, le digo yo. Eso también une. Y cuando ustedes hagan juntos las planillas y todo el trabajo, mejor será. El ideal sería que la mujer y el hombre descansaran y trabajaran juntos: cada letra que escriban, cada paso que den, si trabajan en un campo, los unen más.

Pero tú has de empezar. Cuéntame tu día y yo te contaré el mío. ¿No te aburrirá? Ya no vas a poder decírmelo, por temor de que me enoje...

Sentí que aquello te haya intranquilizado tanto. Consuélate pensando en que yo también sufría, y mucho. Tú, sin saberlo, me ayudaste con mi carga.

Te voy a mandar aquellos Poemas, que me han dado mil molestias, por los comentarios estúpidos de los falsos puros (perdona la expresión). Tú entenderás mi intención purificadora. Los marranos no ven sino barro en todas las cosas.

Va una revista que llega hoy. La sección poesía la atiendo casi toda yo y he mandado antes *La Llama* y varias poesías de las de tu libro último. Alguna salió llena de errores. Parece que la de hoy va bien.

No me alabes tanto: voy a desconfiar de ti.

Dime si, fuera de tu salud, hay otra razón que te impida salir.

L.

Carta XXVI

4 de enero, 1921

Manuel:

He recibido dos cartas tuyas, del 31 y del 1°. Te agradezco tu recuerdo de la noche de Año Nuevo. Yo te recordé también, con tristeza, con la tristeza con que se piensa en todo ser que se quiere. Yo no siento la alegría que es o debería ser natural al recordar a los míos, y es que no los siento míos, Manuel. Soy la mujer en que el sentido de la posesión, así de los objetos como de las vidas, no existe. Es una de las cosas que me ha dado esta desolación espiritual. Nunca, nunca sentir mío nada, ni siquiera una planta... Piensa un poco en esto, imagina lo que sentirías tú en este caso y te bañará el corazón la tristeza.

Lo que me alegra es que vayas mejor de cuerpo y alma. Yo sé que, aunque no consigas quererme, algún bien espiritual te haré cuando hable contigo, porque con todo tengo menos cansancio que tú, un poco de salud física y una riqueza emocional que da, en momentos, el engaño de la dicha y de la juventud.

Ya no voy a Puerto Varas; voy a Concepción por cuatro días y por dos a Coronel, a reunirme con una amiga, Cristina Soro, a quien quiero muchísimo. Quiero los pinares de aquella ciudad, como a una cosa maternal. Me alivia su sombra infinitamente. No hay árbol más humano, más noblemente sereno y que dé la ilusión de pensamiento como éste. Sería dichosa de conocerte bajo uno de ellos, de oírte tendida sobre sus agujitas secas y suaves. Pero sé que, por tu parte no es posible. Te lo insinúo, sin embargo. Me voy el 7.

González Martínez es un hombre sencillo y campechano casi en exceso. Me habían hecho una caricatura suya: –Es un negrito parlanchín que no calla nunca; nada tiene de sus versos nobles. Rebaja la malevolencia y quédate con algo. Pero gana su cordialidad suma, su deseo de quedar al nivel de una, su corazón. Le pregunté si te conocía. No se quejó de ti; dijo que sentía mucho no verte aún; pero que conocía a tu niñita y te debía a ti atenciones de saludo, etc., por las que te estaba obligado. Te pido que vayas a verlo. Por él y por mí vas a ir. Te repito que le sobra sencillez y espontaneidad. Yo lo admiro como tú.

¡Ah, si fuera cierto que eres capaz de quererme con paz! La gratitud me henchiría el corazón, al sentir el "esfuerzo, la voluntad de mudarte por mí". Hazlo, hazlo, hazlo, Manuel; hazme dichosa así.

Hoy me he contado varias canas en la partidura del pelo. Pude conocerte hace seis años; me hallé vieja. Y ahora… He sido loca, Manuel; lo soy más ahora.

Mi día de hoy: a la Estación a dejar a la amiga de quien te hablo después; una visita al Obispo, quien me habló de mi mala práctica de no hacer vida social, con lo cual pierde el colegio… Le dije: –Nunca, ni por la situación más encumbrada, haré concesiones al mundo. O me admite el pueblo así o me echa. Yo me iré antes de que me eche. Pregunte S.S. lo que ha ocurrido con mis antecesoras que hicieron vida de plaza y salones–. También hay en eso un poquito de orgullo, me dijo. No sé cómo se llame; pero sé que es bien para mi alma y todo lo demás no me importa, porque yo no guardo sino mi alma.

Triste, Manuel, yo me siento cada vez que hablo con un cura, talvez sea soberbia, que soy yo el verdadero cura.

Después me he venido a escribirte. Tengo en mi cuarto un conejito dorado que quiero mucho, más que a ti...

Deseo que te den la Gobernación, el trabajo brutal, el peor trabajo, hace bien: equilibra, talvez porque mulle la sensibilidad o la embota algo. ¿Por qué no hablas con Aguirre? Es mi único amigo político y lo estimo sobremanera como hombre bueno y como hombre justo. Se lo debo todo. Te tratará como lo que eres; no le sentirás la insolencia de los políticos radicales de baja extracción; te comprenderá en tu alto valer de caballero. Habla con él.

Mis días son mejores que antes, Manuel; una como insinuación de dicha, como un perfume diluido, apenas perceptible, de felicidad. Piensa esto y entiéndelo.

No te hice yo esa corrección en los versos. ¿Se te ocurre? Yo no soy capaz de un atrevimiento contra ti como poeta; como hombre sí... hasta podría pegarte. ¿Sabes que yo soy muy pesada de manos? Me gusta pegar; creo que acaricio y dejo una mancha. Las muchachas que viven conmigo dicen que mis palomas (las manos) son en verdad gavilanes... ¿Te he contado que a un hombre que me quiso abrazar le di un bofetón y le rompí un tímpano? Sí te he contado. Haz, como Maeterlinck, un poco de box antes de verme...

Me fui a ver la tarde: es el único momento espiritual de mi vida; miro morir todas las tardes, tendida en mi cama. Pienso siempre en ti en esta hora apaciguada y dulce.

¿Has visto en esos *Poemas de la Madre* cómo he cambiado y me he hecho más humana? Te hablaré después de lo que quise hacer con esas prosas. ¿Te ha lastimado su crudeza como a otros?

¿Sabes que antes me ofrecieron el Liceo de San Bernardo? Tuve miedo de dos cosas; estar cerca de ti y luchar con ese pueblo, que me han pintado como malo y chismoso. ¿Quieres que me vaya allá? Hoy me llegó carta de Vigil, el que te corrigió el verso. Me llama para Marzo a Buenos Aires.

Me duele un poco la cabeza. Ha hecho mucho calor. Te miro largamente y te perdono, voy perdonándote mientras te miro.

L.

Carta XXVII

20 de enero, 1921

Manuel:

Vengo llegando de Penco. Tardé más de lo que creía. La última carta tuya la recibí hace varios días. ¿Se habrá perdido alguna?

¿Cómo estás? ¿Mejoras?

Supe que se malogró lo de la gobernación. No importa. Te buscarás otra cosa. Pienso que, a pesar de sus promesas de dar sólo a los capaces, Alessandri no podrá dar sino a los impertinentes y pechadores. Tiene, a su pesar, que oír a la gente que lo acompañó que fue en suma 2/3, dañina e inferior.

No te he escrito estos días por mi enfermedad de los ojos. He quedado (vi médico en Conc.) con 2 pares de anteojos: para leer y para andar. Tengo un ojo que casi no ve nada y el bueno conjuntivitis (irritación por exceso de esfuerzo). Detesto las caras con lentes y Dios me castiga. (¿En qué no me ha castigado?)

Supe que S.H. se fue. ¿Por eso volviste Manuel? ¡Ay! Mi duda no es cosa de curar. Te perdonaré; pero no voy a olvidar nunca.

Va otra *Atlántida* con cosas tuyas, es decir de Manuel y S. El ser que se entreteje con cartas queda definitivamente en la vida, Manuel. ¿Sufres por ella? Sin embargo, te quiso y te quiere. *A su manera.* ¡Qué extraña es para mí el alma de las mujeres!

Te contesto lo de San Bernardo. Cuando estaba en Punta Arenas me escribieron hablándome de ese cam-

97

bio. Ya sabes por qué rehusé. Ahora hay esto. Está en el Senado un proyecto de sueldos nuestros. Fija categorías a los liceos. De la 1ª a la 4ª (San Ber.) hay $ 9.000 de diferencia. Yo podría vivir con lo de allí; pero la cuestión es que quiero jubilar en 3, y cuanto más, 4 años, y la renta, que no es total, se reduciría mucho. Este colegio de Temuco sería de 2ª.

Una maniobra de don Lorenzo Montt me enajenó una visitación que Aguirre me había destinado. Ahora, él pide para mí el 5, de Stgo. Yo no quiero ir allí; pero no puedo decirle lo que hay a Aguirre. Pasaría a ser Visit. la Amanda L. H. Me quiere mal y al reemplazarla yo, me hostilizaría a su modo: solapadamente. He dicho que me den Viña, colegio de igual categ. que éste. Si no sale eso, me voy a la Argentina sin duda alguna. Tengo allá muy buenas condic. de trabajo. Aguirre no quiere que yo salga del país. Me duele oponerme a este hombre a quien le debo todo. Mi mamá es el otro obstáculo para mi viaje. Aquí no me quedo. Tú sabías que Valdés, Senador por Cautín, me acusó de interv. en política. Es el Juan Duval que me insultó tres meses en *Sucesos*, hace años.

Como ves, nada hay resuelto aún. Todo depende de que el Proyecto salga.

Sí, yo quería conocer y amar a tu niñita y que ella me quisiera. Y si mi alma muda algo, si creo al fin, iría a San Bernardo, a pesar de todo.

Tengo fiebre. Llegué mal. En unos baños tomé una infección a la espalda (toalla ajena) y la tengo como con croto. Nunca he sufrido de males a la piel. Tengo fiebre y malestar.

Mis manos en las tuyas.

L.

Carta XXVIII

27 de febrero, 1921

Manuel:

Llegó su carta, seria, seca. Ud no supo ver lo que había en mí cuando fueron mis palabras. Ud. no supo ver.

Su silencio de seis días me amargó.

Talvez, Manuel, no lo vea. Si salgo de mi asunto antes, el 7 ya estaría en mi casa. Si no tendré, por fin, la dicha de verlo. ¡Por fin!

De todos modos si Ud. viniera a verme, me avisaría con anticipación, diciéndome día y hora, porque salgo en la mañana y vuelvo en la noche.

Muy contenta de saberlo sano; muy dichosa.

Hoy fui a ver a González M. Lo recordó, lamentando, otra vez, no conocerlo aún.

Con cariño.

L.

Manuel, mal día. Olvidé
dejarte dicho que fuera
a S. Gabriel. ¡Tuve que ir
[...] allá! Mal día, po-
que era mi cumpleaños,
i yo esperaba verte. Como
fui al campo, toda la tarde
llegué a las 12. No he sali-
do hasta ahora (las seis)
esperándote. Ya no ven-
drás; estoy triste.

¿Por qué no me leíste
los versos?

Dime la dirección de
Prados. Tengo que escribirle.

Estaré aquí todas las
mañanas.

Carta XXIX

Manuel, mal día. Olvidé dejarte dicho fueras a San Gabriel. Tuve que alojarme allá. Mal día, porque era mi cumpleaños y yo esperaba salir contigo al campo, toda la tarde. Llegué a las 12. No he salido hasta ahora (las seis) esperándote. Ya no vienes y estoy triste.

¿Por qué no me leíste los versos?

Dime la dirección de Prado. Tengo que escribirle.

Estaré aquí todas las mañanas.

Hasta pronto.

Tu L.

Carta XXX

Manuel:

Recibí tu carta a las 6,10 cuando hablaba con Prado, que vino a verme. ¡Qué par de embobados! Hay para darnos azotes. ¿Te los doy yo?

Te daré no una, todas las tardes que quieras. Mañana recibirás ésta a medio día. Te espero desde las 3 PM.

¡Tonto! Era *mi día,* y no me viniste a ver. Me envejezco, Manuel. Entro, parece, en el año místico: 33.

Gracias por el jazmín. Con destreza me lo cubrí de la visita.

Tu L.

Manuel González Martínez
que acaba de estar aquí,
me ha pedido le exprese
que desea verlo; que le
mejor avisarle en la ma
ñana, sino por teléfono
si viene a otro, en la tarde
de uno de estos días i
si no puede venir, le
diga cuándo está allá
para ir a verlo él.

Le envío las dos poesías
Mil gracias.

Espero haya excusado
la grosería de mi último
momento con Ud. Fui
menos culpable que nun-
ca'i me avergüenzo muy

Carta XXXI

13 de abril, 1921

Manuel:

González Martínez, que acaba de estar aquí, me ha pedido le exprese que desea verlo, que le ruega avisarle en la mañana, por teléfono, si viene a Santiago, en la tarde de uno de estos días y, si no puede venir, le diga cuándo está allá para ir a verlo él.

Le envío las dos poesías. Mil gracias.

Espero haya excusado Ud. la grosería de mi último momento con Ud. Fui menos culpable que nunca, me avergüenzo no haber dominado ese bajo impulso.

Le deseo bien, sólo bien, todo bien.

L.

Carta XXXII

19 de abril, Stgo.

Manuel:

He leído su carta. Justifico absolutamente la mala impresión que le dejé (algo peor que eso). Sin embargo, Manuel, no debió aquel ímpetu extrañarle tanto si hubiera tenido fresco el recuerdo de mis cartas. Siempre le dije lo que soy, siempre. Y si no lo hubiese sabido por mí, lo supiera por la gente, y si ni esto hubiese habido, con leerme un poco los versos habría comprendido que soy la más desconcertante y triste (lamentable) mezcla de dulzura y dureza, de ternura y de grosería.

También es cierto, Manuel, que cuando se tiene un alma como la suya no es posible explicarse sin una natural repugnancia, el alma opuesta. Hay en Ud. –no olvide esto primero– una suavidad natural, que es cosa de su sangre, una virtud casi química (perdone la expresión) a la que ha venido a agregarse la depuración voluntaria por la cultura.

Ni aquello ni esto lo tengo yo. Mi herencia es cosa fatal; la cultura nada ha hecho en mí o porque estudié tarde o porque los temperamentos primitivos repelen la educación. Recuerde, para perdonarme del todo, que yo le hablé en serio y en broma de mis intemperancias de carácter. Si me hubiese creído antes nos habríamos ahorrado, Ud. y yo, este dolor.

Pero hay en su carta un silencio absoluto sobre la causa de lo que me pasó aquel día. ¿No lo vio Ud.?

107

O lo vio, pero parece que no alcanza a excusarme la causa?

Recuerde que me dijo Ud., contestando a una pregunta mía, que mis presentimientos eran verdad, que Ud. no me quería, en el sentido hondo de la palabra. Después de esto, cuyo efecto ha debido Ud. ver ¿no me debía extrañar su beso en mi mano? ¿Debía yo aceptarlo? ¿Era, Manuel, el beso de cortesía, el beso cortesano que se da a las mujeres? Soy salvajemente sincera y este acto me irritó, Manuel. No era, no, una falsedad; era algo peor; era la piedad que quiere hacer perdonar la franqueza noble. ¡Ah! menos noble la piedad que la franqueza!

¿No vio Ud. esto? Es lo único que he deseado saber. Es cierto, Manuel; tengo algún orgullo y no acepto la lástima. Que se me deje sola con mi pena; soy capaz de cualquier dolor; pero me ofende la lástima, porque es un desconocimiento de la fuerza de mi alma.

Vea Ud., Manuel, como yo tengo razón cuando digo continuamente que la humanidad culta ha llegado a un punto admirable y desgraciado a la vez –desde el cual no puede ya comprender al ser primitivo. Es el caso del aristócrata con el peón: son dos universos, son dos planetas espirituales que no pueden compenetrarse. Desde su punto de vista –suavidad, cultura– Ud. no puede *entender,* a pesar de toda su inteligencia, esto: que yo no he hecho una maldad. No me afirme lo contrario. Talvez no lo llame Ud. maldad, lo llamará falta de manera, lo llamará plebeyismo. Yo, poniéndome mentalmente dentro de Ud., lo llamé grosería; pero para mí no lo es: es un ímpetu nobilísimo de mi corazón, es hasta santidad.

¡Ah, Manuel! Por qué me he puesto yo, por unos cuantos gramos de intelectualismo, lejos del hombre del pueblo que debió ser mi compañero, si estoy tan infinitamente lejos del hombre civilizado, en el alto sentido de esta palabra. Cuando yo sé de un bruto que mata queriendo, me siento dentro de él; no me siento dentro de casi ninguna acción civilizada. Sin embargo, no se dice de mí –por la mayoría– que sea una salvaje. Es que vivo dos vidas: la que me hace vivir el mundo y la otra. La otra en sólo instantes, como el que Ud. conoció. Y tenía que conocerlo. El amor es el que suelta las trabas hipócritas y por él yo dejé mi actitud de persona decente, de mujer más o menos tolerable. No me enrostre nunca esta desnudez. *Mire de dónde vino.*

El espectáculo de su alma me parece maravilloso, como la línea de las colinas que miro desde mi casa. Siéndole tan opuesta, lo admiro infinitamente. Pero no puedo ser eso: es una fatalidad que me han creado tres o más generaciones de gentes violentas.

Le escribiré, si Ud. me lo permite, cuando tenga el alma tranquila, para no hacerle daño.

Todo bien le desea.

L.

–Su silencio me hacía daño: gracias por su carta.

–De más está decirle, Manuel, que no protesto de su declar. de ese día: era mi certidumbre de 7 años que Ud. no podía quererme. No, *no quería; no podía.*

Oleo del pintor chileno Juan Francisco González, de propiedad del ex Presidente D. Eduardo Frei Montalva.

Carta XXXIII

3 de mayo, 1921

Manuel: vi que no se vino el sábado. El Dmgo. no había tren, según creo. Por esto no le he escrito antes.

Si Ud. puede, hablaríamos sobre el asunto de la Sra. Vila. Me interesa darle detalles y decirle lo que vamos a hacer.

Le agradezco su carta serena y bondadosa. Estamos lejos, somos demasiado diferentes; pero yo quiero merecer su amistad algún día.

Me maravilló San Alfonso: ¡qué cielo y qué luz!

¿Ha ido donde G. Martínez? Perdone la majadería.

Dios le dé paz.

Lucila.

Manuel, le escribo al
que a la Estación, para
Temuco.
Recibí su tarjetita.
Me ha puesto alegre.
Estos días han sido
de pura afan. Se lo
contaré después.
He mes... esté alerta
sobre este asunto: D.
Luis Castillo, jefe de la
Junta cen... p.... marido
de la candidata derrotada
para el liceo 6, ataca
al Ministro i al gabinete
en jeneral en un re-
portaje de "el Ilustrado"
de hoi 18. Jaramillo va
a contestar. Vendrá la re-
plica i yo saldré a baraja
Me duele que el Ministro
sufra ~~esto~~ por mí. Por eso
le pido siga este asunto

Carta XXXIV

18 de mayo, 1921

Manuel:

Le escribo al irme a la Estación, para Temuco.

Recibí su tarjetita. Me ha puesto alegre.

Estos días han sido de puros afanes. Se lo contaré después.

Le ruego esté alerta sobre este asunto: D. Luis Castillo, Sec. de la Junta Central Rad. y marido de la candidata derrotada para el Liceo 6, ataca al Ministro y al Gabinete en general en un reportaje de "El Ilustrado" de hoy 18. Jaramillo va a contestar. Vendrá la réplica y yo saldré a danzar. Me duelo que el Ministro sufra por mí. Por esto le pido siga el asunto, ya que yo voy a estar ausente, *y haga si se ofrece lo que sea necesario.* No lo olvide, Manuel, y perdone.

Espero volver el 25. Le avisaré y Ud. querrá venir ¿no es cierto? Porque tengo cosas que contarle; son mundanas, pero debe saberlas; no son cosas de mi alma, *que está vencida.*

He pasado días y días de una depresión espiritual que los sucesos favorables no han logrado elevar. Pago mi falta nada más.

Me hablaba Ud. de una manifestación. Si es deseo de otros y que Ud. solamente accede, no; si es suyo, sí; sólo si es suyo.

Anoche me habló Díaz Arrieta de otra cosa. Si siguen molestando al Ministro, acepto que hagan aquello por prestigiar el nombramiento que ha hecho Jaramillo. Por mí la rechazaré.

Dejo encargo que le manden copia de una carta mía con que contesto una de mi rival, la Sra. Luz de Castillo. Quiero que Ud. conozca el asunto. Es bajo y triste.

Perdone tanta minucia miserable.

Dios lo guarde.

Lucila.

Carta XXXV

Manuel:

Muchos días sin hablarte. Primero, mis afanes en Stgo., después el mayor trabajo de este tiempo aquí, y por fin mi malestar físico. Tuve hace noches un ataque cerebral y me ha quedado mal la cabeza, mucho dolor que se viene y se va, malo el genio. Como siempre que me duele la cabeza, el estómago es el enfermo.

¿Cómo sigue lo de tu pierna? ¿Pasó bien? ¿Caminas sin dificultad? Que así sea.

En Stgo. te esperé en vano.

Te escribo al acaso sin saber dónde estás.

Parece que me voy a Viña, el verano…

Dos palabras prontas. Con cariño.

Tu L.

Carta XXXVI

4 de junio.

Manuel:

He llegado hace días de Temuco, pero no he tenido ganas de salir. No voy al Ministerio hace 6 ds. El zarandeo de los diarios de todo este tiempo ha hecho que me mire la gente con un interés que me hace daño.

¿Cómo está Ud.? ¿Sanito, alegre? ¿Ha escrito? ¡Qué honda y simple es tu última poesía, Manuel! Vuelva a escribir versos.

Un error hubo, Manuel. Aquella carta mía a doña J. de Castillo se la hice mandar para que Ud. conociera los antecedentes de mi asunto, no para ser publicada. Sentí su publicación, pero reconozco que hizo bien. Prado Amor, en carta reciente, me decía que estaba en todo de acuerdo con mis juicios sobre títulos, dados allí.

No lo llamo hasta que no tenga casa. Todavía *gitaneo*.

Ayer fui en auto a La Cisterna. Tengo allí un sitio pequeño y otro en Lo Ovalle. Pero fui más que todo por ver la cordillera.

¡Qué maravilla de resplandor, Manuel, y que dulcificación, por la nieve espesa, de todo lo agrio y agudo!

No le he contado bien cómo me gustó San Alfonso. Yo me crié en Monte Grande, el penúltimo pueblo del valle de Elqui. Una montaña al frente y otra a la espalda y el valle estrechísimo y prodigioso entre ellas; el río, treinta casitas y viñas, viñas. De 3 a 11 años, viví

117

en Monte Grande y ese tiempo y el de maestra rural en la Cantera me hicieron el alma.

El mar me gusta mucho menos que la montaña. No tiene el silencio, dentro del cual una pone todo. Además, su inquietud casi me irrita.

La montaña me lo da todo. Me eleva el alma inmensamente, me aplaca y se me vivifica. En cada quiebra con sombra pongo genios de la tierra, poderes, prodigios. El azul festivo del mar no me gusta; todos los colores de ella me gustan.

Me interrumpen. Viene la Sra. de San Alfonso.

Hasta luego. No le he dicho que estoy triste y que su carta me hizo mucho bien.

L.

Carta XXXVII

22 agosto, 1921

Manuel:

Acepto gustosamente acompañarlo donde G. Martínez. Sé que el poeta mexicano siente la frialdad "de sus hermanos de Chile" y que se aburre aquí. Si Ud., Magallanes, nuestro lujo espiritual, lo mejor que podemos mostrarle, se retrae ¿qué deja a los demás?

Me da envidia no haber visto la nieve en la Cord.

Le puedo contestar pronto porque estoy *sin colegio,* en cama. Un resfriado fuerte, nada más.

Podré entregarle en la semana próxima o a fines de ésta las 21 composiciones para niños que he aportado con destino a S. Monje. Sería bueno que el día que Ud. venga para visitar a G. Martínez sea tarde de Miérc. o Sáb. Digo mal: ojalá se venga a las 9. Querría que Ud. viera lo que va a enviar, que lo lea antes aquí. Después de eso salimos.

No conocía la trad. de la "Oración". Lástima que, o Ud. recortó mal o han traducido la mitad. Es lástima.

Ud. no me conoce y no puede hablar de mí a los otros. El que hable, también me desconocerá, pero tal desconocimiento no me va a dar amargura.

¿Conocía Ud. esa "Balada" mía? Se parece un poquitito a las antiguas cosas suyas.

Saludos cordiales.

Lucila Godoy

119

BALADA

El pasó con otra.
Yo lo vi pasar.
¡Siempre dulce el viento
y el camino en paz!…
¡Y estos ojos míseros
lo vieron pasar!

El va amando a otra
por la tierra en flor.
Ha abierto el espino;
pasa una canción.
¡Y él va amando a otra
por la tierra en flor!…

El besó a la otra
a orillas del mar.
Resbaló en las olas
la luna de azahar
¡Y no untó mi sangre
la extensión del mar!

El irá con otra
por la eternidad.
Habrá cielos dulces;
Dios quiere callar.
¡Y el irá con otra
por la eternidad!

Carta XXXVIII

Manuel:

Llegué anoche de San Alfonso. Me fui allá por varias cosas. Primero, la tierra, que me gusta tanto. Ya le he contado que es como aquella en que yo me crié; me pone sana y hasta optimista, con ese optimismo que es el mío, cuando lo tengo, una flor de la resignación. Segundo, me fui allá porque la vida aquí se me está haciendo ya molesta. La casa no me la entregan. Esta gente es muy buena; pero somos carga pesada, mi pupila de P. Arenas, el mozo y yo. Agrega tú que no hay día sin visitas. Es molesto. Fui allá y me ha costado venirme. No es necesario que te diga cómo estaba el tiempo de hermoso, de transparente el cielo y la montaña de resplandeciente.

Llegué anoche y hoy recibo tu segunda carta. La otra no la contesté porque quería estar ya con cimientos para decirte que vinieras a verme y en cuanto al encargo, perdóname, lo olvidé, lo olvidé sin duda porque era imposible atenderlo.

Voy a explicarte. Propuse y fue nombrada para servir las clases que me pides, la señora Soro de Baltra; es candidata para barrer a cualquiera otra. La ley de sueldos, despachada ya, le daba un sueldo, no bueno, porque las horas son solamente seis, pero siquiera tolerable Esta señora, a pesar de las apariencias, tiene una situación económica mala, dolorosa. Yo conocía esto y mi amistad, muy estrecha, con ella, me señaló como un deber el ofrecerle la clase. Partíamos del punto de vista de la nueva ley. Ella aceptó. Los nombramientos tienen fechas 14 y 16 de mayo; como tú ves, muchísimo antes de tu carta. Entre las once candidatas a la clase, hubo una niñita que me interesó vivamente. No teniendo nada que darle, fiscal, le manifesté que procuraría darle facilidades para que haga clases particulares de piano a las que las soliciten. Hay todavía otra niña, muy artista, con una gran cultura musical, amiga mía de ocho años, que nada me ha exigido, pero con quien yo me sentía sumamente obligada, por la vieja amistad y por el conocimiento de su preparación que va, en muchas cosas, más allá de la misma señora Soro.

Ten paciencia Manuel, para que te des cuenta exacta. Hace diez días a raíz del fracaso de la ley, que tú sabrías, vino a verme esta señora y me manifestó que no tenía interés en las clases, que hasta le eran gravosas, más, que quería ayudarme y me pedía le dejara un curso de canto de las mejores alumnas de todo el colegio, que ella lo atendería sin sueldo.

Pensé en esta solución. Dejarle cuatro horas a la candidata que conozco más y dos a la señora Cristina, porque soy enemiga de toda clase no rentada, que generalmente no tiene seriedad... Me dijo la señora Soro que ella dejaba las clases para que las tomara una de sus alumnas, a quien considera tan capaz como ella. Es un berenjenal...

Lo que podríamos hacer sería esto: eliminar a la niñita a quien yo ofrecí las clases de piano particulares y dar esto a tu recomendada. Parece que la niñita no tiene un caso tan triste como el que tú me cuentas. Esas clases serían en esta forma: Las alumnas que deseen estudiar piano, no canto, y que no tienen en qué hacerlo en sus casas, suelen pedir facilidades al colegio. Se reúne un grupo de seis, por ejemplo, y la profesora da las clases en poco tiempo, dos horas a veces. Cobra un precio módico; tendrá que ser módico, por tratarse de alumnas pobres. Pueden ser diez pesos. Ahora, si las alumnas son más, se hacen dos grupos. Yo procuraría reunirle doce.

Sería esto todo lo que podríamos darle. (¿Te fijaste en el plural? Perdónalo si te parece mal.) Lo malo es que ella gasta en venir de San Bernardo. Si hay medio-pupilaje, cosa que aún ignoro, podría darle facilidades en el sentido de comida en el colegio. Conversa lo anterior con ella y me escribes.

No tienes idea y es largo de contar el calvario con las maestras que piden puesto. Basta que le diga que a una solicitante he debido, teniendo una y hasta dos secretarias, ofrecerle trabajo mío, de copias, costeado de mi bolsillo, para librar al liceo de una profesora que me lo iba a perturbar y no decir una negativa a una terrible persona. Es la hija de doña J. Sanfuentes. Muchacha inteligente, su madre la ha malogrado dándole su mismo trato, sus ideas, su odio por la humanidad no fracasada. Tienen ambas una lengua que ni fuego...

Cuando Ric. Valdés me hizo en *Sucesos* la campaña que tú conociste, la madre me defendió con nobleza y talento y esto, y un reciente artículo sobre las incidencias del 6, me ha hipotecado a ellas. Tremenda hipoteca, Manuel. Cuando vienen a verme, alejo a las demás personas, por su imprudencia, por no decir su insolencia. No era posible dar a la niña nada sin perder la paz del personal y no me quedaba sino crearle una obligación artificial, la de que me copie cosas y formarle un sueldo... Ya hoy tengo carta de ella aludiendo a mi palabra empeñada que aún no resulta...

Dime pronto lo que resuelvas sobre las clases de que te hablo.

Por otra cosa no te escribía: te daba tiempo para conversar con tu recién llegada. Si no la has venido a ver, hazlo luego, antes de que vengas a verme a mí, es mejor; sabes ya a qué atenerte sobre ti mismo, y sé yo también eso mismo.

Ahora tu asunto: es vergonzoso, Manuel, lo que te hacen. Hay cierto mal en no pedir nunca nada. Cuando llegan a dar, lo hallan maravilla y suspenden el milagro a la primera ocasión. Es lastimoso ver, Manuel, el criterio que rige el reparto de empleos, la absoluta indiferencia para las aptitudes y el desprecio –esto sobre todo– hacia la *calidad* de los individuos. Hay una audacia, una insolencia de poder, que se ve en cada diputado infeliz que llega a un Ministerio a dar órdenes como rey, que atropella la propuesta de un jefe e impone al cacique que tiene allá por Arauco o Melipilla... Yo oigo decir de algunos raros empleados con pudor, que llegan a su hora, que todavía son honorables y sujetan los negociados, que son maniáticos, y hacérseles en torno una atmósfera de odiosidad.

Tú naciste para rico, es decir, para ser independiente. Me imagino lo que te molestarán las cosas que me cuentas, con tu corrección, con tu caballerosidad que se te siente hasta en el paso. Un mal se han hecho y han hecho al conjunto, los artistas: han admitido las situaciones humillantes, empleos de clase ínfima y no han tratado de imponerse por medio de una asociación respetable.

Han dejado el campo a los otros, a los desvergonzados, y renunciando a todo, han ido reduciendo su presupuesto hasta llegar a la verdadera miseria que yo conozco en algunos. Burchard, por ejemplo, tiene una situación desesperada. Y el caso de Lillo, jubilado con cien pesos. Y tantos, tantos... Los pocos que hay bien colocados –Mondaca, Bórquez– se han olvidado de los demás; el exceso de dignidad hace callar a éstos, y resulta entonces que las escasísimas almas finas de esta raza espesa, brutal, raza de pacos y mineros, no actúan, apenas se ven vivir, apenas se hacen recordar de tarde en tarde con un cuadro o una poesía que un momento enciende el ambiente y vuelve a desaparecer en el silencio.

Yo también, Manuel, hubiera sido uno de ésos, si no hubiere tenido madre que sostener y por la cual tuve que pelearme con la vida. No creas que miro con satisfacción la lucha; pero me tranquiliza el pensar que entré en ella por deber.

Tengo mucho y mucho que contarte de la campaña del 6. Todavía sigue; me ha amargado totalmente días y días. Es largo de contar, y fatigoso, y me hace daño. Te espero, mejor.

Cada vez, Manuel, que tengo yo una alegría grande, como si fuera un pecado tenerla, me viene enseguida, inmediato el castigo por ella. Tú te acordarás que estuve muy contenta contigo la tarde en que nos disgustamos. Iba entrando en confianza, te miraba como un hermano: era un empezar de dicha. Y vino lo que vino, y quedamos peor que antes, porque el que vuelva a tutearte no es que crea posible el que tú me quieras. No, qué esperanza!

Lo peor es que no tengo ni siquiera rabia contigo. Y digo lo peor, porque es gran alivio echar a alguien la culpa de los fracasos propios. Te hallo por lo que me hiciste más habiloso, más consciente. No hubieras tenido otra lesera que la de quererme. Así, pues, evítate conmigo excusas y miserias. Siento únicamente que no seamos amigos, todo lo amigos que cabría ser sin culpa, sin falta, amigos como soy con algunos que no valen lo que tú, que no me pueden hacer el bien que tú.

Hay uno del que te voy a conversar. Es un jefe de sección del Ministerio. Mis penurias de este tiempo lo acercaron a mí y en dos o tres meses se nos ha soldado una hermosa alianza espiritual. Fue para él un asombro saberme quebradiza, terriblemente sensible a la maldad de la gente, y como él es fuerte quiso ayudarme a mirar el mundo, este mundo oficial, de otro modo. No hay asunto del colegio que no me haya sacado; no hay asunto mío o de las que forman mi familia artificial que no se lo deba. Viene cada noche a saber mis afanes; si me halla intranquila, se ríe y empieza a destruirme la tragedia sanamente, bondadosamente. Es casado y no hay que pensar que su pensamiento sea turbio; quiere mucho a su mujer y vamos a ser compadres.

Un idilio de amistad. De artista, ni asomo. Y me conmueve más que este hombre que no puede conocer bien lo mejor mío que es el alma, me ayude y se preocupe de mi vida. Tenemos, pues, una confianza ilimitada, y yo siento pena cuando palpo que *esto* no lo pude tener de ti. Talvez tú leíste un artículo de *El Mercurio,* firmado White. Era de él. Se puso a escribir para

126

contestar ciertas veladas malevolencias que había en torno a mi nombramiento, antes de que se hiciera, y suele decirme: Déme libros; yo voy a aprender a escribir, a escribir así, como periodista, para defenderle en los diarios, ya que no basta que la defienda en el Ministerio.

No se me ocurre, Manuel, decirte nada cariñoso. Y no es porque no te quiera; es porque me lo rompiste todo, la esperanza, la fe. Y todo esto sin hacer ninguna inconveniencia, con terrible corrección. A la postre, he resultado yo culpable... Gracioso, bien gracioso. Primero sufrí mucho; después me he serenado.

En este viaje a la cordillera tuve muchas horas de ensueño. Soñaba sola. Tanto que he soñado contigo, en siete años, al ver la belleza de los paisajes. Me acuerdo de una poesía de María Enriqueta, la mexicana. Pinta un amor que ha pasado, como éste, y dice, al final: –Hubo una vez en mi alma un gran castillo, donde un rey fue a pasar la primavera... ¿Hermoso? Sí; hubo un rey; hubo; ya no hay nada.

Sin perjuicio, Manuel, de que te dé matecito. Cuando quieras, y de que me vengas a ver. Cuando quieras. No te puedo pedir nada.

Hasta siempre.

L.

REFERENCIAS
A LAS CARTAS DE AMOR
Y DESAMOR

REFERENCIAS EPISTOLARES

Carta I

Repárese en la fecha de esta carta inicial del epistolario: 23 de diciembre (1914). La noche anterior un jurado, integrado por los poetas Manuel Magallanes Moure, Armando Donoso y Miguel Angel Rocuant, le otorga el premio de los Juegos Florales de Santiago, la más alta distinción del certamen poético organizado por la Sociedad de Artistas y Escritores de Chile. Lucila Godoy recibe flor natural, medalla de oro y corona de laurel por la trilogía de sus *Sonetos de la muerte,* firmados con el seudónimo de Gabriela Mistral. La autora no asiste a recibir personalmente el galardón, pero viaja en tren desde Los Andes y presencia la ceremonia, anónima y oculta, entre el público de la galería del Teatro Santiago. Al acto asiste también el presidente de la República, Ramón Barros Luco. El poeta Víctor Domingo Silva lee de viva voz sus laureados sonetos. Su nombre literario de Gabriela Mistral se consagra definitivamente. Tiene 25 años de edad.

Carta III

Gabriela Mistral firma estas cartas con su nombre legal de Lucila (Godoy), o simplemente (como para hacer más secreta y enigmática su correspondencia) con la letra inicial de su nombre de pila. No siempre hay data de fecha y lugar ("no tengo noción del tiempo", dice). Por esta época (1914 y finales de 1917) vive en Los Andes, ciudad donde ejerce como profesora de castellano y de historia y geografía en el Liceo de Niñas. El paisaje geográfico andino es su admirar ("una facultad de admirar tan intensa y hermosa, que es lo mejor que Dios puso en mí") y su gozo permanente: el aire, la luz, las montañas. Vive, además, un atento período de lecturas fermentales. Sus páginas favoritas vienen de Tagore, Amado Nervo, Rubén Darío, Martí, Teresa de Avila, y los novelistas rusos (Tolstoi, Gorki, Andreieff).

Esta y otras cartas son reveladoras, también, de sus intensos estados oracionales, y están en el tema central de su escritura: "Voy orando, orando; mi corazón y mi pensamiento son una llama que clamorea al cielo". Está aquí, además, una constante amorosa de lo místico y la presencia de una Teresa de Avila que, desde entonces, ya le venía enseñando aprender desposeimiento. De ahí todo este querer intenso en su arrobamiento de amor y en sus diálogos iluminados y luminosos de fe.

Carta IV

Sus tareas y afanes educacionales le llevan buena parte de su tiempo. Cierta fatiga pedagógica parece abrumarla en sus ya 10 años de preparar clases y clases. Piensa, incluso, jubilar pronto. (Recuérdese que Gabriela Mistral muy temprano empezó a ejercer como maestra en su región de Coquimbo). En medio de estas fatigas, sus cartas a Magallanes Moure son su alivio y "un paréntesis de amor y de dicha, que me lo merezco".

Carta VII

Gabriela Mistral, junto con su carta, le envía a su destinatario –Magallanes Moure– algunos poemas de un "librejo" que prepara para su publicación. No da mayores detalles de dicho libro. Sin embargo, en carta a su amigo Eugenio Labarca, por esa misma fecha, le anuncia muy esperanzada: "A mediados del presente año (1915) publicaré un volumen de versos. He querido hacer una poesía escolar nueva, porque la que hay en boga no me satisface; una poesía escolar que no por ser escolar deje de ser poesía, que lo sea, y más delicada que cualquiera otra, más honda, más impregnada de cosas de corazón: más estremecida de soplo de alma".

Acaso por rigurosa exigencia posterior ("como cantidad hay material para más de un volumen, como calidad, creo que no la hay. He cobrado tal respeto al volumen que llego a sonreír recordando que he pensado alguna vez en darlo temeraria, ingenuamente"), el "librejo" nunca llegó, en definitiva, a publicarse. Sin embargo, aquellos poemas a los cuales se hace mención en esta carta –*El himno cotidiano, Himno al árbol, El Angel Guardián*– integrarían más tarde su primer libro: *Desolación* (1922) y, luego, *Ternura* (1924).

Carta IX

Toda la delicadeza y afiebrada pasión queda impregnada en esta hojita, escrita a lápiz y con la rapidez de su "soplo de alma". Vale la pena reparar en la exclamativa frase: "¡Ah, si oyera tu voz como aquella vez en que me leíste versos!" ¿Qué vez? La verdad, hasta esa fecha –Lucila y Manuel– nunca se habían encontrado personalmente. Alucinaciones, sin duda, ensoñaciones que hacen vivir. Tendrán que pasar varios años, cuando estas "cosas de corazón" algo y mucho se habían decantado, para que ambos se encontraran muy esporádicamente en la ciudad de Santiago (1921): "Un día llegó a verme al Liceo, en el último tiempo, cuando yo le conocí, porque hasta entonces no me había visto nunca".

Carta X

Carta que constituye un verdadero relato-texto de honda expresividad amorosa y desgarradora instancia de celos. Belleza y ternura, a la vez. Lo humano de lo humano aun en su lirismo y sueño: "Estoy hecha para esto, para que se quieran a mi vista, para que yo oiga el chasquido de sus besos y les derrame jazmines sobre sus abrazos de fuego". Gabriela Mistral evoca aquí, en atmósfera y en sentido, al joven ferroviario coquimbano Romelio Ureta –el suicida–, aquél de 1909. Hacia el final de su carta, y refiriéndose al trágico y mítico episodio, la Mistral dice: "Me iba a ir a esperar a la estación. No pudo ir; se mató 15 días después". En una entrevista años posteriores dará luz sobre el asunto: "En un bolsillo se le encontró una postal mía. ¿Por qué estaba allí cuando hacía años que no nos escribíamos? A causa de aquella tarjeta, sin embargo, se asoció su nombre conmigo. Yo no tuve nada que ver con su suicidio". El trágico suceso, además de su aureola de mito y de leyenda, motivó en la escritura de Gabriela Mistral una serie de dolorosos poemas, los *Sonetos de la muerte,* entre ellos.

Carta XII

Resuelta y conversacional relación epistolar con su amado destinatario. Deja de manifiesto un constante apego a la "lengua hablada" (aprendida de sus antepasados elquinos, sin duda) o lenguaje de oralidad tan vivo y espontáneo en sus decires: gracia, encantamiento y hasta magia. Gabriela Mistral recrea, a su gusto y a su antojo, escenas cotidianas y hogareñas, anécdotas casi, cuentecillos, que son en ella una necesidad y afán de comunicárselo bellamente a su prójimo lejano. En ese "cuéntame tu día que yo te contaré el mío", Lucila Godoy cuenta sus realidades sin desvarío alguno: "Estoy tomando mate, con los pies sobre las brasas y contándole cuentos para que no se me aburra, al mozo que me sirve... Me siento abuela".

Y no sólo mate. Es la época que Gabriela Mistral (y esta carta lo revela) escribe fervorosamente y envía poemas a distintas revistas literarias *(Sucesos, Ideales, Primerose)*, pedagógicas *(Revista de Educación Nacional)*, culturales *(Zig-Zag, Familia, Pacífico Magazine)* y hasta publicaciones teosóficas *(Nueva Luz)*. En estas y otras publicaciones chilenas se encuentra una buena parte de la producción primera de Gabriela Mistral.

Carta XIV

Sin fechar, pero escrita en su casa de Los Andes, mientras llueve "y sólo la noche me queda para conversar contigo". Efectivamente, la relación epistolar es aquí cada vez más imaginativamente dialogante, cargada de exaltaciones amorosas y sensuales: "Yo no sé si todo lo que te tengo aquí adentro se hará signo material cuando esté contigo, Manuel, si te besaré hasta fatigarme la boca". De alguna creadora manera este éxtasis ardiente —"Es lo que está en el beso y no en el labio"— le llevará a escribir un buen ciclo de íntimos y expresivos y desvelados versos que irán, luego, a los poemas de *Desolación:* "Estoy lo mismo que estanque colmado" *(El amor que calla);* "Si tú me miras, yo me vuelvo hermosa" *(Vergüenza);* "Vivo en puro temblor de que me dejes,/ y te pregunto, pálida, a cada hora:/ Estás conmigo aún? ¡Ay, no te alejes!" *(Desvelada);* "Y me angustiaras oyéndote,/ y hablaras loco y ciego,/ que mi mano será sobre tu frente/ cuando rompan mis dedos,/ y bajará sobre tu cara llena / de ansia mi aliento" *(Intima).* Y, en fin, un trasvasijamiento de carta a verso en estas atmósferas y desvaríos en sueño y escritura intensa. Y en su propia frase a Manuel: "Es preferible que siga soñando con que tú me besas amorosamente".

Carta XVII

Escrita en Los Andes, un día domingo y, naturalmente, sin fechar. Se levanta tarde, después del mediodía. "Soy bastante perezosa" –escribió una vez–, "y tengo el hábito regalón de que me den todo hecho, excepto los versos". Y esto pareciera ser verdad al trasluz de la carta. Sin embargo, no hay dejadez alguna en sus desvaríos amorosos, que llegan al desequilibrio y al vértigo: "Esto no es amor sano, Manuel. ¡Qué decires de amor los tuyos! Te tengo un poco de vergüenza, pero sé que deseo estar sola contigo para acariciarte mucho".

Estas mismísimas frases serán después tema central de su poema *Vergüenza,* una de cuyas estrofas revela su estado de alma: "Tengo vergüenza de mi boca triste,/ de mi voz rota y mis rodillas rudas;/ ahora que me miraste y que viniste,/ me encontré pobre y me palpé desnuda".

Carta XX

Al inicio de esta carta (escrita probablemente en Temuco, noviembre de 1920) Gabriela Mistral le dice a Magallanes Moure: "el silencio de dos años era ya todo el olvido que cabe". ¿Qué olvido? En febrero de 1918 la autora de esta correspondencia deja la ciudad de Los Andes y se traslada a Punta Arenas donde permanece hasta marzo de 1920. Un decreto firmado por el Ministro de Instrucción Pública, Pedro Aguirre Cerda (amigo muy querido de Gabriela Mistral y, a su vez, muy citado en estas cartas) la nombraba directora del Liceo de Niñas en aquella austral ciudad ("la tierra a la que vine no tiene primavera").

Durante estos dos años (1918-1920) de distancias geográficas y de desolaciones espirituales, se interrumpe el vínculo epistolar con Magallanes Moure. No van ni vienen cartas. De ahí "el silencio de dos años era ya todo el olvido". Tal vez sus múltiples tareas y preocupaciones (reorganizar un liceo, dictar conferencias, crear bibliotecas, cumplir funciones de educadora, abrir cursos nocturnos) no le dieron el reposo necesario para sus ensoñaciones y desvelos amorosos. El hombre amado quedaba a la distancia como un vaho de fantasmas: "En estas soledades de la Patagonia, sólo un elemento trágico recuerda al habitante su tremenda ubicación austral: el viento, capataz de tempestades". Otros paisajes –los paisajes de la Patagonia en *Desolación–,* eran ahora sus vivencialidades cotidianas.

Estas distancias magallánicas le darán, sin embargo, a Gabriela Mistral, un cierto sosiego de corazón, dejando un poco atrás aquella "verdadera borrachera de sentimiento", y hasta cierta serenidad para observarse a sí misma y a los otros, también. "Veo con claridad brutal a los seres, y no los odio" –escribe en esta carta–; se me han hecho transparentes los procesos de ciertas deslealtades... Me viene una especie de pulcritud de alma".

137

Carta XXV

Fechada en diciembre de 1920, y escrita en Temuco. Gabriela Mistral había llegado a la región de la Araucanía en abril de ese año como directora y profesora de castellano del Liceo de Niñas. Aquí se entrega plenamente a sus labores educacionales, dejando de lado vinculaciones sociales y visitas que le hacen perder el tiempo. Tiene cierto desapego de la ciudad también. Conoce, sin embargo, al jovencito Neftalí Reyes Basoalto, y le corrige sus primeros poemas. Curiosamente, Gabriela Mistral no menciona en ninguna de sus cartas este paradigmático suceso, aunque Neftalí Reyes todavía no era Pablo Neruda, sino un talentoso adolescente y estudiante liceano. Será Augusto Winter, el poeta regional y autor del poema *La fuga de los cisnes,* la figura admirada y querida, "alma bíblica", y a quien visitará varias veces en su casa de Puerto Saavedra.

Gabriela Mistral hace mención a sus *Poemas de la madre,* textos en prosa motivados por las directas vivencias que le daba la dolorosa realidad social del Temuco de entonces. De ahí que ella le diga en su carta a Magallanes Moure: "Te voy a mandar aquellos poemas que me han dado mil molestias por los comentarios estúpidos de los falsos puros. Tú entenderás mi intención purificadora". Años después en su libro *Desolación* (1922), la autora dice que escribió esos poemas con intención casi religiosa, pues la misión del arte es embellecerlo todo. Se comprenderá, además, la lapidaria frase al final de su carta: "Los marranos no ven sino barro en todas las cosas". Ya en la carta XXVI le decía a Manuel: "¿Has visto en esos *Poemas de la madre* cómo he cambiado y me he hecho más humana? Te hablaré después de lo que quise hacer con esas prosas. ¿Te ha lastimado su crudeza como a otros?" Estas prosas se publicaron originalmente en la revista costarricense *Repertorio Americano,* y a cuyo editor –Joaquín García Monge– se los había enviado Gabriela Mistral con la siguiente advertencia: "Temo que espanten a las beatas, porque aunque son puros, son crudos".

Por otra parte, el poema *La llama,* de Manuel Magallanes Moure, y al cual hace referencia la Mistral hacia el final de su carta, concluye con esta decidora estrofa: "Este amor que a la vida me amarra / con mi vida también se irá./ Otros hombres podrán amarte / y yo nunca, nunca más".

Carta XXVI

El año 1921 comienza para Gabriela Mistral con un viaje a Concepción. Quiere mucho los pinares que rodean a la ciudad penquista y la alivia su sombra infinitamente: "No hay árbol más humano, más noble y sereno y que dé la ilusión de pensamiento como éste. Sería dichosa de conocerte bajo uno de ellos, de oírte tendido sobre sus agujitas secas y suaves". De aquí le vendrán las siete estrofitas de su poema *Pinares* que, luego, formará parte de su libro *Desolación,* sección Naturaleza: *Pinos calmos, graves / como un pensamiento,/ dormidme la pena,/ dormidme el recuerdo".*

Carta XXX

A partir de abril de 1921 (mes de su cumpleaños: "entro parece en el año místico"), Gabriela Mistral se radica en Santiago, Recién se ha fundado el Liceo N° 6 de Niñas, y ella es designada su primera directora. Deja la ciudad de Temuco, de no muy grato recuerdo para ella (recuérdese su *Poemas de la madre* y su secuela de nada de dulces comentarios). Santiago, sin embargo, sólo le gusta por su Biblioteca Nacional ("y la facilidad para leer libros") y por el teatro ("la comunión más continua con otras formas de belleza: la música, el drama"). Y también, sin duda y al tenor de estas cartas, por su cercanía con el pueblo de San Bernardo, lugar residenciario de un Magallanes Moure que venía de publicar sus líricos poemas de *La casa junto al mar* (1918). Aunque ella misma, algún tiempo antes, ponía de su puño y letra en el papel epistolar: "¿Sabes que me ofrecieron el Liceo de San Bernardo? Tuve miedo de dos cosas: estar cerca de ti y luchar con ese pueblo, que me han pintado como malo y chismoso" Carta XXVI).

Después de todo, más desencuentros que encuentros le llevarán sus meses santiaguinos: "En Santiago te esperé en vano"; "Mal día, porque era mi cumpleaños y yo esperaba salir contigo al campo, toda la tarde"; "Ya no vienes y estoy triste"; "Te esperé desde las 3 p.m.". Con razón, en este tener miedo y tener amor, Gabriela Mistral escribirá su desencanto en el poema *La espera inútil*: "Pasé valle, llano y río / y el cantar se me hizo triste./ La tarde volcó su vaso / de luz ¡y tú no viniste!".

Carta XXXVIII

Con un "hasta siempre" e invitándolo –"cuando quieras"– a tomar matecito, Gabriela Mistral (más bien aquí Lucila Godoy) se despide de esta relación epistolar de siete años con el poeta Manuel Magallanes Moure: "Tanto que he soñado contigo, en siete años, al ver la belleza de los paisajes". En verdad, en medio de sueños e imaginaciones, éxtasis y desvaríos se escribieron estas amorosas-desamorosas cartas. "A la postre he resultado yo culpable" –reconoce Gabriela Mistral en esta carta–; "gracioso, bien gracioso. Primero sufrí mucho; después me he serenado"...

Cada carta, un cuento –fue un cuento–. Ella, una cuenta-mundo y en su qué tarde, amor, a la heredad viniste. No en vano, Gabriela Mistral escribe con encantamiento al final de su carta: "Hubo una vez en mi alma un gran castillo, donde un rey fue a pasar la primavera. ¿Hermoso? Sí; hubo un rey; hubo; ya no hay nada".

J.Q.

DOS RECADOS SOBRE
MANUEL MAGALLANES MOURE

I *

Ya está la cabeza tranquila de Magallanes Moure, bajo los árboles –mesurados como él mismo– del Parque Forestal. Ya se puede hablar de este hombre con cierto espacio que atempere la vehemencia del cariño. Porque ese monumento lo aleja un poco, aunque sea artificialmente, de nosotros; es como si decuplicara los años que han pasado, que no son sino tres.

A pesar de la muerte súbita, casi de accidente, estaba maduro para morir Magallanes Moure. Esta sazón para la muerte era su indiferencia casi absoluta para cuanto hace de la vida un espectáculo coloreado de gesto violento, especie de fiesta provenzal (que vale decir griega), al sol poderoso. Maduro por la meditación, que ya no era listadura melancólica en la manzana de la vida, sino estado unánime y mantenido. Maduro por la ninguna impaciencia, la ninguna prisa, la ninguna urgencia de las cosas que aquí se reciben. Se envejece como los frutos, o con una rojez de tribulación, que se traduce en oraciones en Antero de Quental (así se abre el fruto del cacto nuestro, la pitahaya de México) o con el encenizado de la ironía (como el higo coquimbano). A

---

* Gabriela Mistral: *Manuel Magallanes Moure*. Este recado mistraliano se publicó originalmente en el diario *El Mercurio,* Santiago, 17 de abril de 1927. Alfonso M. Escudero lo recoge en *Gabriela Mistral: Recados contando a Chile,* Editorial Del Pacífico, Santiago, 1957.

Magallanes Moure le repugnó siempre la voz patética y empezaba a envejecer con un grumo suave de ironía en la boca.

Casi desconcertaba su desasimiento de las cosas y dolía su desdén de sí mismo, en el último tiempo, cuando yo le conocí. Venía de vuelta de aquéllas y traía, en vez de la indignación que pone en otros el haber hallado el hueco de los sucesos o de las gentes, un desdén perfecto. Había volteado como viejos bolsillos el amor y la literatura, las únicas cosas que le importaron y, como viejos bolsillos contenían feas menudencias y chismes vulgares.

En su naturaleza aristocrática estaba el no quejarse, o el adelgazar la queja de tal modo en una estrofa, que apenas se la oía.

Temperamento el menos chileno que cabe, a pesar de su pasión de la costumbre nuestra, del paisaje y del pueblo nuestro. Somos, naturalmente, como quien dice, desde antes del bautismo, dominadores y bruscos, y tenemos ruda espontaneidad de brotes de algarrobo. Magallanes Moure era hombre sin ímpetu, cotidianamente fino, y había en él esa lenta pulidura que tiene la caoba en los brazos de la sillería de un coro español. El épico chileno que, cuál más, cuál menos, todos llevamos, y que se nos desata o en "Araucos Domados" o en cólera doméstica, no le alcanzó. (Hecho curioso: las sensibilidades más finas que aparecen en nuestra literatura son acaso la de Eduardo Barrios, hijo de chileno y de peruana, y la de Magallanes Moure, nieto de colombiano. Nos sirven algunos gramos de sangre tórrida.)

Y tal vez lo queríamos por diferente. Nos aliviaba de nuestro borbotón de violencia; poco a poco, sin que él lo buscase, iba contagiándonos, a lo largo de la conversación.

146

Fue un horaciano más legítimo que Horacio, en el sentido de que la "aurea mediocritas" de la vida material lo saciaba. Esto lo ayudó mucho para conservar el tono de su alma; la distancia de la pobreza no le aplebeyó la vida con "pechas" feas por obtener algo, y la distancia del dinero no le echó a perder el gesto de la dignidad con las petulancias del rico. Pudo buscar, si no dinero, situaciones oficiales; no las pidió, y los que necesitan voces fuertes para otorgarlas, tampoco se las ofrecieron.

Cuidado con creer que en este hombre sin peticiones había un ignorante de su propio valer, especie de sordo de su alma. El bien supo cuánto valía, sólo que no sentía ni la necesidad de la abundancia material ni la otra delgadísima de la figuración; asco de grosuras había en él, repugnancia, no sólo de muchedumbre, sino también en un grupo un poco espeso. Elegía al amigo como la abeja la rosa, y tenía después de la elección la amistad larga y maravillosa.

Ojo de pintor, pero para pintar con el rasgo corto del verso. Sus cuadros valían mucho menos que su poesía. Empezó con la pupila derramada hacia afuera como la margarita ("Matices", libro de la juventud) y acabó con ella vuelta por entero hacia sí mismo (últimos poemas). Pero siempre conservó del pintor no sé qué quietud en la descripción, la sagacidad para el matiz y el silencio, como si no hubiese trabajado con la palabra, que es sonido. Voluntariamente ignoró que ésta puede ser al tacto cobre victorioso y platas felices. Se quedó con los cristales más opacos. Habrían podido llevarlo en un batallón sin que le arrancaran una flaqueza de trompeta.

Pero con su voluntad de finura se hizo también su tormento. Quien no hace puñales y adelgaza en cambio agujillas de vidrio, con eso se sangra. Su sistema nervioso delicado como la nervatura de la hoja del álamo, su estado permanente de emoción, ¿no se parecía al amontonamiento de las fibras secas del cardo, y no restregaba en ellas el corazón, que hurtó a los dolores aparatosos? La introspección de minuto a minuto, el acarreo implacable que hacía su antena viva de las sensaciones, me hace pensar en su corazón como en un nido que recogí de niña, bajo unos higuerales. Estaba hecho de fibras secas y menudas, tan áridas, que el fondo entero me punzaba la mano. Y eso era un nido y tocaba el pecho del ave. La inteligencia da nidos semejantes a los hombres con vida interior.

No gozó, ni buscó, Magallanes Moure, la consolación religiosa. Pero su indiferencia jamás contuvo ni un grano de desdén hacia los que creen. El no perteneció a nuestros desmelenados jacobinismos americanos. No se interesaba en la religión, vivía al margen de ella como de la geografía o del álgebra. ¡Y qué temperamento privilegiado habría llevado él hacia una fe, y cuántas nobles chispas habría sacado este espíritu de semejante contacto!

Su probidad perfecta era laica, hija recta de su sensibilidad más que de su razón. Yo le conocí la rica piedad en sus relaciones con obreros de San Bernardo. Un día llegó a verme al Liceo 6. Venía de hacer no sé qué gestión judicial en favor de un reo. Me dijo: –¿No le asombra a Ud. el que, después de dos mil años de cultura, todavía no hayan llegado las gentes al concepto elemental de que es imposible el juicio? Aún la culpa más vulgar tiene varios planos y ellas le ven la pura corteza y juzgan.

Le contesté:

–Me parece extraordinario como una fábula el juez. Curioso oficio. En un pueblo se hallan el zapatero, el médico, hombres de oficios claros que no se discuten. Pero uno se llama el juez, vive entre ellos, se confunde con ellos en su vulgaridad, y he aquí que su oficio es... sobrenatural, ni más ni menos que sobrenatural!

–No hay progreso –añadió– sino a través de la sensibilidad. Que se haga imposible, por ella, el matar, el dar prisión larga, el perseguir legalmente.

¡Ah, y nosotros que queremos que nos brote un Chile nuevo a pura legislación, dejando intactas la brutalidad y la pesadez de nuestro carácter!

Había escrito ese día una hermosa carta a un amigo que presidía no sé qué convención política. Porque Magallanes tuvo una pasajera tentación de la política; perteneció a uno de los partidos más limpios de Chile, el liberal. En el último tiempo ya se había desprendido de esto como de todo. Hombre que creía en la depuración de un pueblo por el sentimiento y la inteligencia ¡qué iba a decir en una asamblea!

Pedro Prado ha recordado su pulcritud perfecta, ese caminar por una senda rural sin embarrarse en los baches, y llegar de una excursión por el campo como de la Moneda o de la calle Agustinas. Sí, llevaba su indumentaria como sus actos, con una limpieza sin esfuerzo, yo diría con una limpieza vegetal. De su elegancia natural podía decirse lo que escribió Montaigne del aliento para desdeñar los perfumes: *"El mejor olor es no tener ninguno"*. Su corrección de indumentaria estaba absolutamente exenta de lujo, y era, sin embargo, una elegancia cabal. Se veía bien con su invariable traje negro, su corbata blanca y suelta y su cuello blando. Sólo una planta es así limpia, sin cepillo visible, y está de este modo donosa. Ya el *sabio hindú Jagadis* ha comprobado el sistema nervioso de las plantas y la metáfora vegetal deja de ser lejana. Era un buen árbol nuestro, Magallanes, lleno de sentidos como de hojas, para escuchar el mundo, y sin embargo, tranquilo.

En otra ocasión, en medio de un comentario religioso, me dijo, más o menos:

—Yo no puedo adquirir el horror católico del pecado y la alabanza frenética de la virtud. Vea Ud.: a mí no me cuesta nada no odiar y no envidiar, lo cual, en otro, es virtud de puro ser lucha. Yo no me engrío de mi fácil cordialidad para con el prójimo; es un modo de mi sangre.

No le costaba eso, como no le costaba vestirse ni escribir; pura flexibilidad, pura facilidad para hacer las mejores cosas. Esa facilidad es la Gracia aplicada a asuntos menores, pero al fin la gracia; otros la llaman la naturaleza aristocrática.

¿Y su cortesía, parte también de su pulcritud? Una cortesía sin empalago, especie de savia dulce de tallo que se vierte sin esfuerzo. Yo le desconocí la palabra gruesa, el chiste graso a que somos tan aficionados, y, respecto de los demás, hasta del peor, no le oí nunca un adjetivo innoble. ¡Pero él tuvo cortesía hasta para morir! Aquel levantarse en el tranvía y decir con delicadeza al mecánico que se detuviera en la estación próxima, sin dar alarma a los pasajeros, ¿no es la flor de la cortesía insigne de toda una vida?

Sabía ser un nacionalista del único nacionalismo sin verrugas odiosas, que yo admiro: predilección del paisaje chileno, que le había hecho el alma, y gratitud hacia la tierra, cuyo préstamo llevamos desde que empezamos a echar sombra. De Europa me mandó unas tarjetas en que me decía que andaba lleno de desabrimiento y que llegaría a San Bernardo besando las piedras del patio de su casa. Sin embargo, al regreso, sintió el deseo de un segundo viaje. No sabía él que Europa tiene dos modos de cogedura: la súbita y la lenta. Como ciertos venenos que obran dos meses después de bebidos, él vino a gustar de Europa más tarde.

Anduvo en Francia como Rodó en Italia, es decir, no en hispanoamericano intruso, que empuja hasta que abre las puertas, que le rezongan y acaban por dejarlo pasar. Dejó sin usar las cartas de presentación que trajo y ni amigos suyos le vieron. Era su naturaleza una dignidad extremada, y, entre los extraños, sabía tomar la orilla del camino.

De hombre dotado con tan finos dones, caballero cabal, amigo y ser piadoso, debía quedarnos una obra como la que le debemos: poesía sin ángulos –el grito es ángulo también–, de ritmo igual, sin coloración frenética, en gris violeta y gris verde –especie de musgo de Jagadis, lleno de vibraciones.

Honestidad absoluta en la forma como en el fondo; una verdad en el sentimiento que convence. No se trepó como el dominador sobre el penacho de la vida, y la poseyó mejor que él, porque la dejó deslizarse como la alga dócil en torno suyo y se abandonó a ella hasta con cierta renuncia de la voluntad. Prueba su honradez artística el que en este momento de la poesía acrobática, en que el manejo del trapecio, la agilidad para la bufonada y el gusto del grotesco dominan, todavía leemos a Magallanes con admiración y no se nos ocurre restarle quilates.

Dejó poesías breves, croquis menudos y también construcciones mayores del poema, como "El estanque", "Arbol mío" y otros.

Objetivo y subjetivo, único modo de ser criatura completa en el verso. Es una pena que tengamos tan desacreditado el elogio en América, que no significa nada decir que la poesía de Magallanes "fue la más pura", porque se ha dicho eso precisamente de muchos. Pura, por la ausencia de didactismo, por un desinterés total de doctrina, pura por escrupulosa en la técnica y por ceñidamente sincera. Un verdadero gran poeta se nos ha muerto y lo hemos honrado sobriamente para hacerle don a su semejanza.

II *

Mondaca, el otro maestro de su generación, sintió y sirvió la poesía como operación de intensidad y de síntesis, según diría León Daudet, Manuel Magallanes fue hombre que entendió la poesía como un ejercicio melódico, liso y llano, y como un juego de ritmos.

También éste nació, al igual de Mondaca, en mi provincia de Coquimbo, pero en paisaje muy otro que el salvaje de los cerros de Elqui. Nació en La Serena, ciudad la más española del país, rastro guardado íntegro de la Colonia, dentro de un ambiente no poco levítico de gentes pulidas y muelles.

Un patio de casa no logra menos tráfico que las calles de esa ciudad del exacto nombre; el clima perfecto, sin agrura de invierno ni sofocos de verano, más la ninguna industria local, han hecho de La Serena una ciudad en que la criatura no conoce la violencia física ni las otras, sino en unos ponientes arrebatados, que tal vez no turban a nadie, porque tampoco los ven los serenenses.

---

* Gabriela Mistral: *Manuel Magallanes Moure.* El texto se publicó por primera vez en la revista *Repertorio Americano,* San José, Costa Rica, 20 de abril de 1935 (tomo XXX). Posteriormente en *El Mercurio,* Santiago, 5 de mayo de 1935. Roque Esteban Scarpa lo recoge en el libro *Gabriela piensa en...,* Editorial Andrés Bello, Santiago, 1978.

Andaban en este hombre nuestro algunas sangres aventureras; el Magallanes le venía en soslayo del Portugal y el Moure de Colombia. Los dos sumandos de razas dulces y letradas han debido hacer su diferenciación del chileno común. Era hombre aristocrático y de naturaleza rítmica. Ni en vida ni en arte conoció convulsiones y saltos. La derechura de su línea poética dice una gran lealtad a sí mismo, y sus cuarenta años sin sucesos cuentan un disfrute regustado de lo que le cayó en suerte: patria y temperamento.

Blanco, puro y un hermoso varón para ser amado de quien lo mirase: mujer, viejo o niño. Tal vez las cabezas poéticas más bellas que han visto valles americanos hayan sido las de José Asunción Silva y la de nuestro Magallanes.

Y en una belleza con hechizo, de las que trazan su zona en torno. Un teósofo diría que su aura era dulce. Porque la voz hacía conjunción con el cuerpo fino para volverlo más grato aún. Perdida voz de amigo que suele penarme en el oído: cortesía del habla, que además de decir, halaga.

Todavía más: una extrema pulcritud personal de traje y de manera.

Cualquier raza habría adoptado con gusto esta pieza de lujo. Yo miraba complacida a ese hombre lleno de estilo para vivir y, sin embargo, sencillo. Se parecía a las plantas escogidas: trascendía a un tiempo naturalidad y primor.

No conoció eso que llamamos "lucha por la vida", y a causa de ello también no se le veía jadeado de cuesta ni descompuesto por erizamiento de despechos.

Ni rico ni pobre: le dejaron lo que Horacio quería, y él se quedó con eso a gusto. Parece que no tuvo nunca ejercicio oficial, excepto una curiosa gestión de alcalde de San Bernardo, y sin cargo oficial, andaba metido por bonita gana en gestiones por nuestra cultura, que eran más útiles precisamente por no llevar encima voluntades gubernativas.

Su poesía se resuelve en el amor de la mujer y en una mirada minuciosa de la naturaleza.

Este, como el otro, cuando no estaba enamorado, se sentía huero de toda cosa y también de sí mismo. "La sensibilidad no puede escoger otra cosa que la mujer –decía– y después, lo que se parece a ella".

Entre un amor y otro caían sobre él unas grandes desolaciones.

A lo largo de nuestros centenares de cartas, yo le recetaba, para relleno de esos hondones, un poco de fe en lo sobrenatural y de búsqueda de experiencia interior.

Pero era de su tiempo; habían hecho en él su feo trabajo racionalismos y materialismos, levantándole en torno el cerco de cemento armado de la incredulidad redomada, que él no saltaría nunca para echar los ojos a mejores vistas. El dúo de las cartas era copioso e inútil; pero continuó a lo largo de cinco años.

El se sentía con cierta obligación de cuido sobre mi poesía, yo con la de un vago cuido de su alma. No llegamos a nada fuera de conocernos un poco y de acompañarnos casi sin cara, porque hasta entonces no me había visto nunca.

Alguna vez le dije sin creerlo que la mujer lo banalizaba y lo tenía viviendo a la deriva. El me contestó que una teología no lo haría a él más cabal que una mujer. Y la razón tal vez era suya, que tan completo, tan alerta y tan digno anduvo por este mundo.

Su poesía, suave y pasada a meliflua, tiene poco que hacer con el alma nuestra. Había nacido entre nosotros para darnos la utilidad de la contradicción, pagarnos ciertos saldos de la raza y cubrir algunas ausencias en nuestra espiritualidad.

155

Sus géneros fueron los avenidos con su temperamento: la canción, el madrigal, la balada, alguna vez la elegía en tono menor, en varias ocasiones la jugarreta con los niños, todo esto realizado con seriedad, donosura y un arte consumado en varias composiciones.

Amoroso, gran amoroso, sin espesuras de sensibilidad criolla y también sin laciedad romántica.

Entre líricos sentimentales –y hay tantos que el bosque sigue tupido– ni empalaga ni da sonido de metaloide: su sentimiento verdadero le redime de la plaga del tiempo y le saca del montón en que quedaron hacinados los otros cómplices de la plaga becqueriana de nuestra América.

Su don de armonía hace grato el repaso de sus poemas. Los estridentistas dirán lo que quieran; pero de tarde en tarde la oreja busca sola, como el ciervo el viejo manadero, las armonías de esas especies de antepasados que nos resultan ya los poetas de hace diez años. Hemos venido cayendo en vertical, pendiente abajo de cuarzos y brulotes, y la melodía de anteayer ya parece nuestra abuela.

Los mejores libros de Magallanes Moure se llaman "La Jornada" y "La casa junto al mar". Apenas salieron del país. El varón de la vida perfecta no buscó el diálogo extranjero. A pesar del cabal amigo que sabía ser, del verdadero hombre de convivio, por limpio y escuchador, por excusador, vivió no poco solitario el que venía tallado para la más linda camaradería.

Su único viaje a Europa lo gastó en ver paisajes y monumentos; no golpeó a puertas de colegas ilustres.

A los cuarenta y seis años se nos murió, sin que le esperáramos esta mala muerte brusca. El gran cortés se acabó con cortesía, como el agua de regato que se sume de pronto en un hoyo del desierto de Atacama, iba de su pueblo de San Bernardo a Santiago cuando la angina le cayó al pecho. Por no molestar a los viajeros del tranvía se levantó a pedir al conductor que parase, y éste lo dejó cerca de la casa de su hermano, donde se acabó en momentos sin agonía.

Así se nos borró del aire y la luz de Chile, que no han sido usados por hombre literario más dignamente natural.

ENSAYO
SOBRE GABRIELA MISTRAL

I. SOLO ALGUNOS JALONES
DE SU APASIONADA EXISTENCIA

En el presente estudio no nos proponemos esbozar la apasionante vida de Gabriela Mistral, tantas veces abordada por ensayistas y escritores; ni mucho menos pretendemos adentrarnos en su creación literaria: en su poesía atormentada, o en su prosa magnífica. Dejamos de lado, asimismo, su espíritu bíblico, que se enciende *desde el nardo de las Parábolas hasta el adjetivo crudo de los Números* y que afloran en el *tono trágico y "bárbaro" de la desgarrada poesía de Desolación.*[1] Pasamos por alto su discutida ascendencia india, *sol de los Mayas, ... tatuador de casta de hombre y de leopardo;*[2] y su no menos discutida ascendencia hebraica, *carne de dolores, raza judía, río de amargura;*[3] su entrega total a Cristo, *el de las carnes en gajos abiertas, ... el de las venas vaciadas en ríos;*[4] su maternidad frustrada que quiso un hijo, *allá en los días del éxtasis ardiente, en los que hasta* (sus) *huesos temblaron de* (su) *arru-*

---

[1] Hamilton, Carlos D., *Raíces bíblicas de la poesía de Gabriela Mistral,* sobretiro de Cuadernos Americanos, septiembre-octubre de 1961, p. 201.

[2] *Sol del trópico,* a don Eduardo Santos.

[3] *Al pueblo hebreo* (Matanza de Polonia).

[4] *Al oído de Cristo,* a Torres Rioseco.

llo;[5] la embriaguez de sus rondas infantiles: *Piececitos de niño, azulosos de frío;*[6] su voluntad dispuesta siempre en consolación de los tristes, de los abandonados por la fortuna; su vocación de maestra, sencilla y profunda, que *ha de conservar puros los ojos y las manos,*[7] y que implora su perdón al Señor, por llevar el nombre de maestra que El llevó por la tierra;[8] su peregrinar incansable por todos los horizontes, bajo todos los soles y en todos los mares; su amor a la naturaleza, al encantamiento de las aguas, de los árboles, de la encina *altiva y recia,*[9] del narciso o *mirto en flor.* Todo eso y mucho más que queda a la vera de nuestro intento.

Tan sólo algunos jalones de su apasionada existencia, la mayoría relativos a su calidad de mujer entera y cabal, de carne y hueso, de espíritu y sentimiento; que sabe que el amor *es amargo ejercicio...,*[10] que se mueve *en el viento como abeja de fuego* y arde en las aguas;[11] que *es lo que está en el beso, y no es el labio; lo que rompe la voz, y no es el pecho...,* amor que *es un viento de Dios, que pasa* (hendiendo) *el gajo de las carnes, volandero;*[12] amor que *anda libre en el surco, que bate el ala en el viento / que late vivo en el sol y se prende al pinar...* Amor que *habla lengua de bronce y habla lengua de ave, / ruegos tímidos, imperativos de mar.*[13]

---

[5] *Poema del Hijo,* a Alfonsina Storni.
[6] *Piececitos,* a doña Isaura Dinator.
[7] *La maestra rural,* a Federico de Onís.
[8] *La oración de la maestra.*
[9] *La encina,* a la maestra señorita Brígida Walker.
[10] *El ruego.*
[11] *Tribulación.*
[12] *Intima.*
[13] *Amo Amor.*

Nacimiento e infancia

Tarea ardua y compleja la de penetrar en la entraña de *esta mujer que de loca / trueca y yerra los senderos, / porque todo lo ha olvidado, / menos un valle y un pueblo.* Así lo canta en su "Poema de Chile":

> *El valle lo mientan "Elqui"*
> *y "Montegrande" mi dueño.*[14]

Allí, en la apacible ciudad de Vicuña, ve la primera luz del alba el 7 de abril de 1889;[15] en ese valle donde *su flor guarda el almendro / y cría los higuerales / que azulan higos extremos, / para ambular a la tarde / con mis vivos y mis muertos.*[16]

---

[14] Mistral, Gabriela, "Poema de Chile", texto revisado por Doris Dana, Editorial Pomaire, Santiago de Chile, 1967, Hallazgo, p. 9.

[15] La divergencia que se aprecia en los biógrafos y críticos de Gabriela Mistral en torno al día de su nacimiento, es sorprendente. Así, sólo por vía ilustrativa señalaremos algunos nombres. Entre otros, lo precisan el 6 de abril: Raúl Silva Castro en sus *Estudios sobre Gabriela Mistral,* p. 3; Augusto Iglesias en *Gabriela Mistral y el modernismo en Chile,* p. 14; Edwards Matte en su artículo biográfico de la Revista *Hoy;* Virgilio Figueroa en su *Divina Gabriela,* p. 40; Saavedra Molina en *Gabriela Mistral: su vida y su obra,* p. 7; y lo que es más grave en su estudio crítico-biográfico que sirve de Introducción al tomo de *Poesías Completas* de la insigne poetisa, correspondiente a la colección *Biblioteca de Premios Nobel,* editada por Aguilar, Madrid, 1958, p. XVI. En cambio, son contados los que dan el día exacto de su nacimiento, esto es, el 7 de abril. Cabe destacar entre ellos a Norberto Pinilla en su *Biografía de Gabriela Mistral,* p. 15; a Mario Ferrero en *Premios Nacionales de Literatura,* I. p. 232; y a Fernando Alegría en *Genio y figura de Gabriela Mistral,* p. 5. Este error tan difundido nace de la ambigua inscripción de bautismo realizada por el cura párroco de Vicuña, Pbro. Manuel A. Olivares; anomalía perfectamente aclarada en la inscripción verificada en el Registro Civil de Vicuña a requerimiento de don Jerónimo Godoy Villanueva. Finalmente cabe reiterar la afirmación escrita de la propia Gabriela entregada a una empresa editorial de Barcelona: *Nací en Vicuña, Elqui, el 7 de abril de 1889.*

[16] Mistral, Gabriela, "Poema de Chile", edic. cit., *Valle de Elqui,* p. 45.

El sol del Norte alumbra en *paz* y en *hervor... el disco de carne que aprietan los treinta cerros* donde su *infancia mana leche de cada rama que quiebra,* y se desliza entre la salvia y el romero,[17] junto a la albahaca que bebe en tisana y el corazón alivia.[18]

Crece bajo el nombre de Lucila, entre montañas, y *nunca, nunca,* las pierde, *ni cuando fuese de día* o de *noche estrellada,* ni aunque se viese *en las fuentes la cabellera nevada.*[19]

Yo soy del valle de Elqui –escribe al cubano Fernando Campoamor– *y en esos valles cordilleranos, que son como magulladuras en el seno de las montañas, se vive oprimido por la obicuidad de la tierra hecha de mole. Una tropieza a cada paso con montañas, se da en la frente, se lastima las manos.*[20]

El valle de Elqui –reafirma en sus *Recados*–, *una tajeadura heroica en la masa montañosa... Tiene perfectas las cosas que los hombres pueden pedir a una tierra para vivir en ella: la luz, el agua, el vino, los frutos... Lengua que ha probado el jugo de su durazno y boca que ha mordido su higo morado, no será sorprendida en otra por mejor dulzura.*[21]

---

[17] Mistral, Gabriela, "Poema de Chile", edic. cit., pp. 46-47.

[18] Cf., íd., *Huerta,* pp. 51-52.

[19] Id. *Montañas mías,* p. 37.

[20] Cf. Campoamor, Fernando C.: *Recado a la maestra insepulta,* Cuadernos Israelíes. En homenaje a Gabriela Mistral, Jerusalén, 1960, p. 39.

[21] Mistral, Gabriela, *Recados: Contando a Chile,* Editorial del Pacífico, Santiago de Chile, 1957, p. 118; *María Isabel Peralta,* reproducción del Prólogo a su obra *Caravana Parda,* Ed. Letras, Santiago de Chile, 1953.

De su padre, las sandalias andariegas; de su madre, la ternura

Sus padres: Jerónimo Godoy Villanueva y Petronila Alcayaga Rojas.

Don Jerónimo era oriundo de Atacama, *la provincia más rebelde y legendaria del Norte de Chile.*[22] *Era como un rey del país de los gitanos. Tocaba la guitarra como un payador... Además tenía los ojos verdes. Hacía versos.*[23] Vagabundo impenitente, en 1892, cuando Lucila cumple los tres años, abandona el hogar, en pos de nuevas andanzas, de nuevos firmamentos.

Mi recuerdo de él –escribe Gabriela a don Virgilio Figueroa– *pudiese ser amargo por la ausencia, pero está lleno de admiración de muchas cosas suyas y de una ternura filial que es profunda.*[24]

Y de lo que no cabe duda es que Lucila heredó de su padre las sandalias andariegas, su carácter firme, su vocación de maestra, la vena poética y sus ojos verdes.

Su madre, doña Petronila, le entrega toda su abnegación y toda su ternura. Con cuánta emoción la define Gabriela en *Lagar:*

Mi madre era pequeñita / como la menta o la hierba; / apenas echaba sombra / sobre las cosas apenas...[25]

Y con cuánta nostalgia la evoca en *Lápida filial:*

Amados pechos que me nutrieron / con una leche más que otra viva; / ojos que me miraron / con tal mi-

---

[22] Iglesias, Augusto, *Gabriela Mistral y el modernismo en Chile,* ensayo de crítica subjetiva, Editorial Universitaria, Santiago, 1949, p. 14.

[23] Arciniegas, Germán, *Gabriela, la fantástica chilena,* en Cuadernos Israelíes, ya cit., p. 23.

[24] Figueroa, Virgilio, *La Divina Gabriela,* Imprenta El Esfuerzo, Santiago de Chile, 1933.

[25] *Madre mía.*

*rada que me ceñía; / regazo ancho que calentó / con
una hornaza que no se enfría; / mano pequeña que me
tocaba / con un contacto que me fundía: / ¡resucitad,
resucitad…!* [26]

En los centenares de manuscritos autógrafos que conservamos de nuestro Premio Nobel, a menudo nos cruzamos en sus *paisajes cardenosos*[27] con la huella dolorosa de la muerte de su madre. Así, en comunicación a Carlos Silva Vildósola:[28] *He tardado en escribirle porque mi ánimo lo he tenido en el suelo, con tierra y ceniza. Mi mamá ya con su conciencia a medias no me acompañaba con cartas, que su manita apenas podía garabatear; pero me hacía una presencia sobrenatural, me daba razón de vivir, me afirmaba en este mundo y estaba de este modo prodigiosamente ausente viva para mí. Me he quedado como una piedra que rueda sin sentido, como un papel de periódico viejo con el que hace lo que quiere el viento…*[29]

De su abuela, el manjar fuerte de la Biblia

En esta sucinta relación familiar, no podemos silenciar el nombre de su abuela paterna, doña Isabel Villanueva, que *luego de repudiar a su marido que, en el rescol-*

---

[26] *Lápida filial.* De la sección XII de sus Poesías Completas, *Muerte de mi madre.*

[27] *La fuga,* íd.

[28] Gabriela Mistral en su *Recados, Don Carlos Silva Vildósola, maestro del periodismo chileno,* dice del insigne escritor: *Había en este varón la espiritualidad necesaria para vivir del amor sin saciarse y para dar todo lo demás como terrones de polvo… Silva Vildósola cuidó como las niñas de los ojos la vida constitucional de Chile, que es el mayor de nuestros decoros…* (*Recados,* edic. cit., pp. 202-203).

[29] Carta autógrafa de Gabriela Mistral, Archivo del autor, sección Carlos Silva Vildósola.

do de su madurez, se ha amancebado con una sirvienta de su misma casa, pasa a residir en la cercanía de Compañía Baja, donde está su nieta esgrimiendo sus primeras armas en la enseñanza.

Mi abuela paterna –dirá Gabriela al final de sus días– *era una mujer ancha, vigorosa, físicamente parecida a mí.*[30]

Los domingos y demás días festivos, la abuela introduce a la maestra-niña en el manjar fuerte de la lectura bíblica: el *Cantar de los Cantares,* el *Eclesiastés,* las *Lamentaciones de Jeremías* y, muy en especial, en la belleza y en la armonía de los *Salmos de David.*

Libro mío –escribe Gabriela en 1919, en un ejemplar de la Biblia–, *Libro en cualquier tiempo y en cualquier hora, bueno y amigo para mi corazón... Mis mejores compañeros no han sido gentes de mi tiempo, han sido los que tú me diste: David, Ruth, Job, Raquel y María. Con los míos éstos son toda mi gente... Por David amé el canto, mecedor de la amargura humana. En el Eclesiastés hallé mi viejo gemido de la vanidad de la vida... Canción de cuna de los pueblos, ... siempre me bastarás hasta colmar mi vaso hambriento de Dios.*[31]

Gabriela, que, como lo expresa Fernando Alegría, *se hizo a golpes de hacha... transformó cada cicatriz en un labio agradecido y, comprendió así, la escritura divina.*[32]

---

[30] Revista *Vea,* Santiago, septiembre, 1954, entrevista concedida a Jorge Inostrosa.

[31] Citado por Norberto Pinilla en su *Biografía de Gabriela Mistral,* Editorial Tegualda, Santiago de Chile, 1945, pp. 65-67. El ejemplar de la Biblia en el que aparece el autógrafo de Gabriela Mistral fue obsequiado por la poetisa a la Biblioteca del Liceo de Niñas Nº 6 de Santiago.

[32] Alegría, Fernando, *Las fronteras del realismo,* Literatura chilena del siglo XX, Zig-Zag, Santiago de Chile, 1962, pp. 143-145.

De allí que a diferencia de Neruda, que navega en la superficie de las cosas, Gabriela nos las muestra *sub specie aeternitatis,* inmateriales e intangibles. Si evoca la Cruz de Cristo, recuerda que *de toda sangre humana fresco está* (su) *madero,*[33] y odia su pan, su *estrofa* y su *alegría, porque Jesús padece;*[34] si magnifica al pueblo hebreo, no olvida su *selva de clamores,*[35] ni a *Ruth moabita* que va *a espigar a las eras en un predio divino;*[36] y cuando mira *la alameda, de otoño lacerada…* y camina *por la hierba…* busca *el rostro de Dios* y palpa *su mejilla.*[37]

Tal es el legado de la abuela, enigmática y silenciosa, doña Isabel Villanueva.

De su hermana, la vocación de maestra

Y junto a ella, Emelina, la medio hermana por parte de madre; la infortunada hija natural no reconocida por su progenitor;[38] la desdichada y joven viuda;[39] la madre desconsolada que pierde a su única hija, cuando sus *ma-*

---

[33] *La cruz de Bistolfi.*
[34] *Viernes Santo.*
[35] *Al pueblo hebreo,* ya citado.
[36] *Ruth,* a González Martínez.
[37] *El Dios triste.*
[38] *Doña Petronila −en estado de soltería− concibió a mi pariente y amiga Emelina, que "tomó" el apellido Molina. Era hija de Rosendo, quien fue casado una sola vez en su vida con doña Jesús Rojas… Rosendo nunca "reconoció" (empleando el término en sentido estrictamente jurídico) a Emelina…* (De la carta autógrafa de Armando Rojas Molina a Hernán Díaz Arrieta (Alone), fechada en Iquique el 28 de agosto de 1963. Original en Archivo del autor, sección Alone).
[39] Emelina fue casada con José de la Cruz Barraza Rojas. Fruto de su matrimonio fue Graciela Amalia, nacida el 7 de marzo de 1903 y fallecida niña.

nitas blancas, hechas como de suave harina[40] apenas alcanzan a tocar la espiga.

Emelina con *perdurable fervor* le enseñó las primeras letras y le encendió el amor de su escuela; la hizo *fuerte en su desvalimiento de mujer pobre y despreciadora de todo poder que no fuese puro;* le aligeró *la mano en el castigo* y se la suavizó *en la caricia;* hizo de ella *su verso perfecto.*[41]

Su sentimiento del amor, de la muerte

Todas las circunstancias que rodearon los primeros años de su niñez esculpieron su carácter en la dura piedra de la adversidad.

La propia palabra fatigada de Gabriela la manifiesta atribulada: *Todo adquiere en mi boca un sabor persistente de lágrimas; / el manjar cotidiano, la trova / y hasta la plegaria.*[42]

Para nosotros –reflexiona Alone– *Gabriela Mistral es una cosa: la pasión... Lo que en ella vale, se levanta y vibra, por encima del tiempo, es su amor y su dolor, la pasión eterna y las palabras inmortales con que la ha dicho.*[43]

La fuerza de Gabriela Mistral –había escrito doce años antes el insigne crítico chileno– *está en su sentimiento del amor y de la muerte, esos dos polos de la especie humana.*[44]

---

[40] Cf. *Manitas.*

[41] Cf. *La oración de la maestra.*

[42] *Coplas.*

[43] Alone, "Estudios sobre Gabriela Mistral por Raúl Silva Castro", *La Nación,* 15 de diciembre de 1935. Artículo incorporado en 1946 en su obra *Gabriela Mistral,* editada por Nascimento, Santiago-Chile, 1946, pp. 57-66.

[44] "'Desolación', por Gabriela Mistral", artículo de Alone en *La*

Para García Oldini, en la exasperación del dolor se encuentra, precisamente, el gran valor poético de Gabriela, que se debilita cuando pasa a otra área.[45]

Con justicia, Mario Osses la bautiza: *Poetisa de la pasión.*[46]

Y es que para Gabriela, su oficio no es otro que el callado de amar, y el *de lágrimas, duro.*[47]

¡Dulce ser! En su río de mieles, caudaloso, / largamente abrevaba sus tigres el dolor. / Los hierros que le abrieron el pecho generoso / ¡más anchas le dejaron las cuencas del amor! [48]

De su Pasión, con mayúscula; de sus amores y de su dolor, pasaremos a hablar, con circunspección y recato, no exentos de temor y encogimiento. La vida y la obra de nuestro Premio Nobel no sólo rompen las fronteras de lo personal y de lo nacional, sino que trascienden, irrumpen y se adentran en la letra y el espíritu de la poesía universal.

II. UN ERROR QUE ES NECESARIO RECTIFICAR: ROMELIO, EL UNICO AMOR DE GABRIELA MISTRAL

Sin temor a equivocarnos, podemos asegurar que la mayor parte de los críticos o de los biógrafos de Gabriela

---

Nación, 3 de junio de 1923. El mismo aparece como Prólogo de la tercera edición de *Desolación* publicada por Nascimento.

---

[45] García Oldini, Fernando: *Doce escritores. Hasta el año 1925,* Editorial Nascimento, 1929, Santiago de Chile, *Gabriela Mistral,* pp. 111-122.

[46] Osses, Mario, *Trinidad poética de Chile,* edición separada de la Revista *Conferencia,* Universidad de Chile, Nos 6-9, junio-diciembre de 1947, *Gabriela Mistral. Poetisa de la pasión,* pp. 29-48.

[47] *Coplas.*

[48] *La maestra rural.*

Mistral sostienen que un solo amor encendió su vida atormentada y tempestuosa. Así, Fernando Alegría ve en lo medular de *Desolación, la historia de su grande y único amor.*[49] Laura Rodig, al mencionar a Romelio Ureta, lo consagra como *el gran amor*[50] de la insigne poetisa. Para Szmulewicz, *después de él no hubo otro, al menos conocido con certeza.*[51] Latcham asegura que el *recuerdo del amante la persigue durante toda su vida.*[52] Hugo Montes y Julio Orlandi nos hablan de *la amargura intensa y trágica de un amor cercenado trágicamente cuando apenas empezaba.*[53] Anderson Imbert se refiere, como los demás, a *su amor primero y único.*[54] Virgilio Figueroa en *La Divina Gabriela* insiste en que Romelio Ureta *es su primero y único amor.*[55] Juan José de Soiza Reilly lo eleva a la categoría de *un amor infinito. Terrible, Fogoso. Sangriento.*[56] Y Armando Donoso pregona: *Un amor, un amor, el amor único, enturbió la paz de sus horas. Grande y apasionado debió ser cuando pudo desgarrar este corazón tranquilo y esta alma de mujer fuerte; grande y apasio*

---

[49] Alegría, Fernando, *op. cit.* Capítulo, Gabriela Mistral: retrato, pp. 145-146.

[50] Rodig, Laura, *Presencia de Gabriela Mistral (Notas de un Cuaderno de Memorias),* en *Anales de la Universidad de Chile,* año CXV, segundo trimestre de 1957, N° 106, *Homenaje a Gabriela Mistral,* p. 284.

[51] Szmulewicz, Efraín, *Gabriela Mistral (Biografía emotiva),* Editorial Orbe, 5ª edición, Santiago de Chile, 1974, p. 38.

[52] Latcham, Ricardo A., *Gabriela Mistral, Revista Católica,* Santiago de Chile, año 23, 16 de junio de 1923, N° 525, p. 939.

[53] Montes, Hugo y Orlandi, Julio, *Historia y Antología de la Literatura Chilena,* Editorial del Pacífico, Santiago de Chile, 1965, p. 239.

[54] Anderson Imbert, Enrique, *Historia de la literatura hispanoamericana,* t. II, *Época contemporánea,* Fondo de Cultura Económica, México-B. Aires, p. 34.

[55] Figueroa, Virgilio, *op. cit.,* pp. 79 y ss.

[56] Soiza Reilly, Juan José de, *El único amor de Gabriela Mistral,* artículo aparecido en *El Correo de Valdivia,* el 17 de febrero de 1926.

nado como cuantos amores se malogran cuando hacia ellos van, como en su correr las aguas turbulentas, todos nuestros anhelos y nuestras ilusiones.[57]

¿Para qué seguir?

Hasta los más cautos lo mencionan como el gran amor de su vida, aun cuando no sostengan que sea el único.

Alone, el amigo predilecto de Gabriela Mistral, al incursionar en su vida y obra, con la maestría que le es característica, expresa: *El amor que aquel joven le inspiró y la herida que le causó su muerte pueden considerarse el germen de todo lo demás que le ocurriría... incluso el Premio Nobel.*[58] Y en su *Historia personal de la literatura chilena* afirma que *amó al suicida con pasión vehemente y dijo su dolor en versos inmortales.*[59]

Isauro Santelices, al dar a conocer las cartas cambiadas con Gabriela, sobre este mismo particular, manifiesta: *¡Fue una pasión romántica, ideal! Más que amarla él, él fue amado por la tímida maestra, y este cariño, al desaparecer el objeto de la pasión, se vuelve violento; la sombra cuenta más que cualquier real presencia.*[60]

Por nuestra parte, pretendemos probar que el amor de Romelio no sólo no fue el único en la vida de Gabriela, sino que ni siquiera fue el primero ni tampoco el último. Y probablemente, de este hecho fundamental emanan las contradictorias afirmaciones de la propia poetisa en lo que toca a su vida sentimental.

[57] Donoso, Armando, *La otra América,* Colección contemporánea - Calpe, Madrid, 1925. Cf. Capítulo, *Gabriela Mistral, un poeta representativo,* p. 43.

[58] Alone, *Gabriela Mistral,* Nascimento, Santiago de Chile, 1946, *Nota biográfica,* p. 10.

[59] Alone, *Historia personal de la literatura chilena,* 2ª edición, Santiago de Chile, 1954, Zig-Zag, p. 293.

[60] Santelices, Isauro, *Mi encuentro con Gabriela Mistral (1912-1957),* Editorial del Pacífico, Santiago de Chile, 1972, p. 47.

Cuándo y dónde se inició el amor
con Romelio Ureta

La mayoría, por no decir la unanimidad de los biógrafos de Gabriela, coinciden que conoció al joven Ureta cuando aquélla se desempeñaba como profesora en la escuela de La Cantera, esto es, en 1906 ó 1907. Con anterioridad, en 1905, había ocupado el cargo de ayudante en la Escuela Primaria de *Compañía Baja,*[61] situada a tres kilómetros al Norte de *La Serena* y cuyo nombre arranca de la rica hacienda que en la Colonia cultivaron los sacerdotes de la Compañía de Jesús.

Lo anterior nadie lo discute y Lucila lo confirma.

Alone, en su *Historia de Gabriela Mistral,* que sirve de pórtico a la *Antología* que reúne los más hermosos poemas y trozos en prosa, seleccionados por la propia autora, afirma: *El año 1905, antes de cumplir los dieciséis, obtuvo Lucila su primer puesto pedagógico, el de ayudante en la Escuela Primaria de La Compañía, aldea vecina de La Serena. De allí pasó más tarde a otra aldea próxima, La Cantera, donde estuvo hasta 1907.*[62]

En seguida, la presenta como una *muchachita alta y espigada, con lindas manos y finos pies, ojos verdes que en su tez trigueña prestaríanle encanto...*[63]

Agrega Alone: *Más tarde obtuvo un puesto en el Liceo de Niñas de La Serena... La Directora del Liceo la enviaba a la estación por la correspondencia: allá le vio.*

---

[61] La Compañía, en la *Geografía descriptiva de la República de Chile,* de Enrique Espinoza, Imprenta Barcelona, Stgo. de Chile, 1903, figura en la Prov. de Coquimbo, Depto. de La Serena, p. 155.

[62] Alone, *Historia de Gabriela Mistral,* Introducción a la *Antología,* Selección de la autora, 1957, edición homenaje... en el año de su muerte, Zig-Zag, p. VI.

[63] Idem.

*Llamábase Romelio Ureta, tenía siete años más que ella,
y uno que afirma haberlo conocido* –se refiere al escritor Augusto Iglesias– *lo describe "mediano" de estatura,
bozo fanfarrón a manera de bigote, las puntas erguidas
y calzado con unos zapatos de charol inverosímilmente
agudos, de los que entonces solían llamar "lengua de
vaca". Desempeñaba en la Empresa de los Ferrocarriles
el mismo cargo que, en la red sur, el padre de Pablo
Neruda: era conductor de trenes.*[64]

Lo expuesto por Alone lo ratifica Gabriela Mistral
en entrevista concedida a Jorge Inostrosa, en septiembre de 1954, al referirse a los *Sonetos de la Muerte:*

Esos versos –afirma Gabriela– *fueron escritos sobre
una historia real. Pero Romelio Ureta no se suicidó por
mí. Todo aquello ha sido novelería. Romelio era un empleado de la estación de ferrocarril de Coquimbo; yo era
profesora interina de una escuela de La Serena.*[65]

Aun cuando la declaración transcrita de Gabriela
Mistral bastaría para cerrar el episodio del año y lugar
de la iniciación de sus relaciones con Ureta, allegaremos otros juicios no menos autorizados.

Laura Rodig, su amiga incomparable, que la inmortalizó en la piedra y en el bronce, ha dejado estampado
en sus *Notas de un Cuaderno de Memorias: De aquella
escuela campesina de La Compañía, Gabriela pasó a otra
fiscal, a La Cantera, pero antes, hacia 1907, conoce al
que fuera el gran amor: Romelio Ureta, de 22 años cuando ella tenía 18...*[66]

---

[64] Alone, *Historia de...*, *op. cit.* Conviene, sí, aclarar que Ureta
no era conductor de trenes como afirman Alone y otros escritores, sino
simple guardaequipaje de la empresa ferroviaria.

[65] Revista *Vea,* Santiago, septiembre de 1954, entrevista realizada
a Gabriela Mistral por Jorge Inostrosa, ya citada.

[66] Rodig, Laura, artículo y edic. citados, p. 284.

Veamos qué dice González Vera, nuestro Premio Nacional de Literatura 1950, en su obra *Algunos: Por necesidad se improvisa profesora en Compañía Baja... Nómbrasela secretaria e inspectora del Liceo de Niñas* (de La Serena)... *Parte de profesora al pueblo de La Cantera. A la casa en que se hospeda acude un joven ferroviario...*[67]

Saavedra Molina, en su acucioso ensayo *Gabriela Mistral: su vida y su obra: Su padre era maestro en la enseñanza primaria... y maestra era su media y única hermana, Emelina, mucho mayor que Lucila, y su verdadero guía en la infancia. Por vocación o por imitación, Lucila fue también maestra primaria, ayudante en la escuela de La Compañía..., en donde comenzó su magisterio, a principios de 1905, cuando iba a cumplir dieciséis años. Después lo fue también en otra escuela próxima, en La Cantera, y hasta 1907. Era entonces una muchacha alta, delgada, blanca, ligeramente rubia, de facciones agraciadas... Tenía ojos verdes y manos tan poco campesinas que alguien las comparó con un lirio... Durante este noviciado fue cuando se inició en 1906 el (evento) sentimental a que se refiere gran parte de Desolación...*[68]

El mismo Saavedra Molina, en el afán de desentrañar el misterio, se pregunta: *¿Cuándo y dónde el "cuervo ominoso" desgarró con su ala negra el corazón de esta inspirada?... La víctima ha guardado reserva en los detalles. Pero investigadores diligentes han averiguado lo bastante para reconstruir el suceso con ayuda de los poemas.*[69]

---

[67] González Vera, José Santos, *Algunos,* Nascimento, 1959, Santiago de Chile, pp. 127-128.

[68] Saavedra Molina, Julio, *Gabriela Mistral: su vida y su obra,* Prensas de la Universidad de Chile, Santiago de Chile, 1946, pp. 8-9.

[69] Id., p. 25. Cf., estudio del mismo autor en *Revista Hispánica Moderna,* enero, 1937, pp. 118 y 135, notas 16, 20 y 21.

Era en 1906 –añade– *y en una aldehuela del valle de Elqui, provincia de Coquimbo, tierra de poetas, soleada, florida, fervorosa. La poetisa tenía 17 años... Por entonces fue cuando amó a un joven: Romelio Ureta... y fue amada.*[70]

Ella tenía diecisiete años cuando lo conoció..., repite Anderson Imbert.[71]

Isauro Santelices, en *Mi encuentro con Gabriela Mistral: Se le designa en 1905 como Ayudanta de la Escuela de La Compañía Baja; de allá pasa a La Cantera. Es el año 1906; tiene diecisiete años. Luce alta, espigada, con una expresión soñadora, un tanto ausente... Trenes... Un día llega el amor en uno de ellos.*[72]

Páginas más adelante, Santelices precisa: *Ureta conoció a Lucila Godoy Alcayaga cuando ésta desempeñaba su función de maestra en la pequeña escuela de La Cantera... Lucila... se enamoró de Romelio a primera vista... Se vieron muy de tarde en tarde.*[73]

Mario Ferrero en su acabado estudio *Premios Nacionales de Literatura,* al tratar a Gabriela Mistral, revela: *Por esos mismos años* –1905– *y casi simultáneamente con su trabajo literario, comienza su labor pedagógica. Se inicia en la enseñanza como ayudante en la Escuela Primaria de Compañía Baja y al año siguiente pasa a la escuelita de La Cantera.*[74]

En lo tocante a su amor con Romelio Ureta, al par que Saavedra Molina –a quien cita–, lo sitúa en el año 1906.[75]

---

[70] Saavedra Molina, Julio, *Gabriela...*, *op. cit.*
[71] Anderson Imbert, Enrique, *op. cit.*, II, p. 34.
[72] Santelices, Isauro, *op. cit.*, p. 47.
[73] Id., pp. 55-56.
[74] Ferrero, Mario, *Premios Nacionales de Literatura,* Zig-Zag, 1962, t. I, p. 235.
[75] Id., p. 238.

Fernando Alegría en *Genio y figura de Gabriela Mistral*, en su sección *Cronología*, anota: *1905. Es designada ayudante en la Escuela Primaria de Compañía Baja. 1906. Pasa a servir en la escuela de La Cantera. Entabla amistad con Romelio Ureta.*[76]

Norberto Pinilla en su *Biografía de Gabriela Mistral: Fue durante el año 1907, a los 18 años de su edad, cuando conoció a Romelio Ureta, empleado de los Ferrocarriles. El idilio se desarrolló con todas las alternativas del sentimiento.*[77]

A fin de no cansar al lector con la reiteración de nuevas citas, cerraremos este episodio trascendental en la vida de Lucila Godoy con el juicio de Ismael Edwards Matte, vertido en el artículo "Gabriela Mistral", tan del agrado de la poetisa, que lo escogió, entre otros, como *Introducción* a su *Antología,* seleccionada por ella misma y editada por Zig-Zag, en 1941.[78]

Concreta Edwards Matte: *Ejerció una ayudantía de escuela, por primera vez, en 1905, en La Compañía, aldea vecina a su ciudad natal. Después desempeñó igual*

[76] Alegría, Fernando, *Genio y figura de Gabriela Mistral,* Editorial Universitaria de B. Aires, 1966, p. 5.

[77] Pinilla, Norberto, *Biografía de Gabriela Mistral,* Editorial Tegualda, 1945, Santiago de Chile, p. 27.

[78] Edwards Matte, Ismael, *Gabriela Mistral,* revista *Hoy,* Santiago de Chile, N° 316, 9 de diciembre de 1937, pp. 69-70. Gabriela Mistral precisa su opinión a Gabriel González Videla, a la sazón Ministro de Chile en Francia, en carta fechada en Niza el 1° de diciembre de 1939: "...hay unas tres o cuatro biografías mías impresas: una del señor Virgilio Figueroa, que está muy mal escrita; otra del Prof. de la Universidad de Chile, don Julio Saavedra Molina, que fue publicada por el Instituto de las Españas (Columbia University) de Nueva York; otra, la mejor, de don Ismael Edwards Matte, que apareció en la revista *Hoy* y que no ha sido editada en libro". En 1939 apareció publicada por la editorial Ercilla en el t. II de la colección *Cien autores contemporáneos,* seleccionados por Lenka Franulic.

*cargo en La Cantera, un caserío blanco que se divisa desde
el camino que une a Coquimbo con La Serena. Corría en-
tonces el año 1907... Fue durante su permanencia en
La Cantera que se desarrolló el idilio de intenso roman-
ticismo, cuyas vicisitudes, congojas y lágrimas culmina-
ron en sus tres Sonetos de la Muerte, que más tarde
habrían de abrirle las puertas de la fama.*

*Por aquel tiempo la joven maestra rural... conoció
a Romelio Ureta, apuesto empleado del ferrocarril local,
vivo de imaginación y de estampa varonil y bizarra.*

De este conocimiento nació un recíproco amor...[79]

Fluye de lo expuesto hasta aquí que Lucila Go-
doy se inició en el magisterio en la escuela campesi-
na de Compañía Baja, el año 1905, cargo para el cual
fue designada a fines de 1904, por don Valentín Vi-
llalobos Bascuñán;[80] que en 1906 pasa a la escuela
de La Cantera en calidad de profesora primaria; y que
en el curso del desempeño de este cargo o poco des-
pués, esto es, entre 1906 y 1907, conoció al joven Ro-
melio Ureta Carvajal y se suscitó su desventurado
romance.

III. EL INSPIRADOR DE LOS VERSOS INMORTALES

El primer amor de Lucila deja desolación y deses-
peranza en su alma naturalmente inclinada a la tristeza.
"...Toda su vida fue agónica",[81] escribe Ciro Alegría.

---

[79] Revista Hoy, art. cit.

[80] Dato proporcionado por don Juan Villalobos Rojas, hijo de don
Valentín, a Alone, en carta fechada en Santiago el 20 de abril de 1960.
Original en Archivo del autor, sección "Alone".

[81] Alegría, Ciro, *Gabriela Mistral íntima*, Editorial Universo, Lima,
1968, p. 9.

Ya el 8 de agosto de 1905, compone y estampa versos cargados de pesadumbre, en el álbum de su amiga Lolo, que denomina *Flores negras:*

Si avanzo por la vida, muda y yerta,
Llamándole dolor hasta a la risa,

Dime, ¿por qué reclamas mis cantares?
¿No ves a mi alma que en la sombra mora?
¿No ves que pides flor a los eriales?
¿No ves que pides a la noche aurora?[82]

Meses antes, el 18 de marzo de 1905, en *Espejo roto,* pronostica *amarguras* en su vida, *noches sin auroras, desierto sin palmera ni oasis.*[83]

¿Era acaso un presagio de su poesía dolorosa y atormentada?

No obstante, tiempo después, encontrándose en La Cantera, en el desempeño de su oficio de maestra primaria, un día "de astros" de 1906 ó 1907,[84] cuando sólo contaba diecisiete años, conoce a Romelio Ureta Carvajal, y el amor surge a primera vista. Algunos de sus biógrafos afirman que fue correspondido; los más guardan reserva, y no pocos tímidamente manifiestan que la pasión no prendió en momento alguno en el corazón del apuesto empleado del Ferrocarril local.

---

[82] Esta composición escrita y fechada en La Compañía, el 8 de agosto de 1905, figura en *La Voz de Elqui,* de Vicuña, el 10 del mismo mes y año, en el Nº 934.

[83] Aparece en el día indicado en "El Coquimbo" de *La Serena.* Firma y fecha en *La Compañía.*

[84] No ha sido posible a sus biógrafos precisar la fecha del conocimiento de Lucila y Romelio. Si se analizan las múltiples declaraciones de la propia Mistral, puede observarse que cae en manifiestos renuncios y contradicciones.

Para Isauro Santelices: *¡Fue una pasión romántica, ideal! Más que amarla él, él fue amado por la tímida maestra...!*[85]

Ciro Alegría, que tan valiosas confidencias recibió de los labios de Gabriela, sostiene que Romelio Ureta... *al cabo de cierto tiempo... la dejó. Gabriela* –añade– *no se explicaba claramente por qué.*[86]

Para Mario Ferrero, *en un principio es correspondida... Pero el estado de gracia de pronto se ve herido.*[87]

Según Edwards Matte, del mutuo conocimiento *nació un recíproco amor.*[88]

Augusto Iglesias, el más sagaz de los investigadores de este sombrío período de la vida de Gabriela, manifiesta que *no ha debido pasar este romance de unas cuantas conversaciones demasiado intervenidas de testigos y una que otra misiva reemplazada, de vez en vez, por una tarjeta postal, tan de moda por aquellos tiempos.*[89]

A este último respecto, Gabriela declaró en enero de 1957 a Jerónimo Lagos Lisboa, al tratar del suicidio de Ureta: *En la cartera interior del paletó guardaba una de dos tarjetas que yo le había escrito.*[90]

Que se vieron muy de tarde en tarde, todos lo reconocen. Los mismos, exactamente los mismos términos, emplea el amigo de toda su vida, Isauro Santelices: *Se vieron muy de tarde en tarde.*[91]

---

[85] Santelices, Isauro, *op. cit.*, p. 47.
[86] Alegría, Ciro, *op. cit.*, p. 32.
[87] Ferrero, Mario, *op. cit.*, p. 239.
[88] Edwards Matte, Ismael, artículo citado de la revista *Hoy*.
[89] Iglesias, Augusto, *op. cit.*, p. 195.
[90] Entrevista aparecida en *El Diario Ilustrado* el 12 de enero de 1957, días después de la muerte de la excelsa poetisa.
[91] Santelices, Isauro, *op. cit.*, p. 56.

Cualquiera que sea la verdad de lo acontecido, un hecho luminoso, que no escapa a la sutileza de Alone, cruza el destino de Gabriela: *el amor que aquel joven le inspiró y la herida que le causó su muerte pueden considerarse el germen de todo lo demás que le ocurrió..., incluso el Premio Nobel.*[92]

Estampa y síntesis biográfica de Romelio Ureta

Pero antes de seguir adelante, detengámonos en el infortunado joven Romelio Ureta. Era uno de los cuatro hijos del segundo matrimonio de don Manuel Ureta con doña Dominga Carvajal. Los otros tres fueron Rosa, Baltazar y Macario. Rosa fallece soltera. Baltazar, propietario de una heredad en Los Vilos, no consigue atraer a las faenas campesinas a Romelio. Muere soltero, al igual que su hermana. Macario, en cambio, casado con María Luisa Rojas, ocupa un alto cargo en la construcción del Ferrocarril Longitudinal Norte y logra colocar a Romelio en el cargo de guardaequipaje.

Laura Rodig describe a Romelio como *un muchacho encantador, muy correcto en todo, pulcro en su persona, un poco tímido y muy bien parecido, más bien alto, delgado, de tez muy blanca y cabellos oscuros. Muy querido de quienes lo trataron y muy buen camarada.*[93]

Cabe destacar que Romelio, por línea paterna, pertenecía a la más rancia aristocracia colonial y criolla. Baste decir que era nieto de don Baltazar Ureta y Verdugo, primo carnal de don José Miguel Carrera, Padre de la Patria y cronológicamente el primer Presidente de Chile.

---

[92] Alone, locución citada.
[93] Rodig, Laura, artículo citado, *Anales de la Univ. de Chile*, p. 284.

En su calidad de cofundador de la Compañía de Bomberos de Coquimbo, se le tributó a su muerte un sentido y solemne funeral.[94]

Sus restringidas andanzas con Lucila habían terminado tiempo atrás. Se encontraba de novio y pronto a contraer matrimonio con la distinguida dama nortina Clementina Herrera, quien marcada por el destino morirá muchos años más tarde, en 1956, en un trágico accidente automovilístico, en la Carretera Panamericana.[95]

Una fatal urgencia de su amigo Carlos Omar Barrios lo llevó a prestarle por tres días la suma de $ 1.501,11, que irresponsablemente sustrajo de las Cajas del Ferrocarril, con el ánimo de proceder a su puntual reembolso. El incumplimiento de Barrios y la desventura de no llegar con oportunidad su requerimiento a su hermano Macario, que se encontraba en el interior del valle, lo condujeron el 25 de noviembre de 1909 a trizarse *las sienes como vasos sutiles.*[96]

Malas manos tomaron tu vida desde el día
en que, a una señal de astros, dejara su plantel
nevado de azucenas. En gozo florecía.
Malas manos entraron trágicamente en él...

_____

[94] "Clímax", *Artes y Letras,* N° 5, de 10 de enero de 1960, La Serena, Talleres Gráficos, *Homenaje a Gabriela Mistral,* pp. 18-19.

[95] "Clímax", N° cit., p. 19, artículo de Sonia Estay Barraza.

[96] *El ruego,* en torno al suicidio y a los funerales de R. Ureta pueden consultarse los periódicos de la región, v. gr. *El Coquimbo* de 27 y 30 de noviembre de 1909; *La Reforma* de La Serena de 26 de noviembre y *El Trabajo* de Coquimbo de 27 del mismo mes. Estos datos los debemos a la prolijidad de don José Zamudio.

IV. ROMELIO URETA: ROMANCE Y POLEMICA

*Nunca el amor humano pudo llegar
a tan grande intensidad.*

(Latcham)[97]

El romance surgió un día cualquiera como del manantial el agua.

El encuentro

Lucila le advierte en el sendero con el canto presuroso *en la boca descuidada.* El la mira y se le vuelve *grave el canto,* pero sigue *su marcha cantando* siempre y llevando sus miradas... Para ella no turba *su ensueño el agua* ni se abren más las rosas, pero el asombro abre su alma. En el aire queda su espíritu estremecido *y una pobre mujer* con *su cara llena de lágrimas.* Desde que lo vio cruzar, Dios la viste de llagas.

Tal, *el encuentro.* El maravilloso aturdimiento. El amor que *gasta trazas de dueño,* que *tiene argucias sutiles* y que le echa venda de lino...

El amor que calla

Los versos se multiplican, se deslizan torrentosos. A veces desgarrados. Otras, empapados en éxtasis. En momentos, corroídos por la duda amarga.

---

[97] Latcham, Ricardo A., *op. cit.,* p. 940.

Estoy lo mismo que estanque colmado
y te parezco un surtidor inerte.

Extasis

Se miran en silencio, *mucho tiempo, clavadas como en la muerte, las pupilas.* El le habla convulsamente... Ella le responde, rotas, plenas de angustia *las confusas palabras.* Lo enfrenta a sus destinos, *amasijo fatal de sangre y lágrimas.*

Ahora, Cristo, bájame los párpados,
pon en la boca escarcha,
que están de sobra ya todas las horas
y fueron dichas todas las palabras...

Intima

Lucila le implora que no oprima sus manos, que no bese su boca, que no la toque... porque ha llegado el tiempo en que *se desgranaron como mieses sus dedos...,* en que su beso no exhala *el olor de retamas...* porque su amor es algo más que la *gavilla reacia y fatigada* de su cuerpo... es el *viento de Dios* que pasa hendiendo y gajo de sus carnes volandero.

¿Dónde empieza la realidad? ¿Dónde concluye la fantasía? ¿A qué profundidades alcanza su imaginación y su pensamiento?

184

Dios lo quiere

La tierra se hace madrastra
si tu alma vende a mi alma.
Llevan un escalofrío
de tribulación las aguas.

....

El polvo de los senderos guarda el olor de sus *plan-*
tas, y ella *oteándolas como un ciervo* le sigue *por las*
montañas. Porque *Dios no quiere* que él tenga sol si con
ella no marcha; Dios no quiere que él beba, si ella no
tiembla en sus aguas; no consiente que duerma, sino
en su trenza ahuecada... Por eso, se clava *como un dejo*
de salmuera en su garganta.

Vergüenza

Sin embargo, la desconfianza la atenaza. El fatalismo la
desborda.

Tengo vergüenza de mi boca triste,
de mi voz rota y mis rodillas rudas.

Pero si él la mira, se vuelve hermosa, como la hier-
ba a que bajó el rocío.

Balada

También los celos la atormentan.

El pasó con otra. / Yo lo vi pasar...
El besó a otra / a orillas del mar...
Y él irá con otra / por la eternidad.

185

Tribulación

Y la tribulación se apodera de ella, cubriendo de sombras su camino, socarrando su boca, aventando sus días.

En esta hora, amarga como un sorbo de mares,
Tú sosténme, Señor...
Tú no esquives el rostro, Tú no apagues la lámpara.

Nocturno

Y dolorida, implora al Padre Nuestro, que *en el ancho lagar de la muerte* oprima su pecho, porque lleva abierto su costado... ha bajado, amarillos, sus párpados, *ha venido el cansancio infinito* a clavarse en sus ojos... *el cansancio del día que muere, el del alba, el del cielo de estaño, el del cielo de añil...* Suelta *la mártir sandalia y las trenzas,* pide dormir... Extraviada en la noche, angustiosamente clama:

¡Padre Nuestro que estás en los cielos,
por qué te has olvidado de mí!

Los sonetos de la muerte

Y el desenlace llega... sangriento... inmisericorde. *Malas manos* tomaron la vida del amado *desde el día en que, a una señal de astros, dejara su plantel nevado de azucenas... Malas manos entraron trágicamente en él. Se detuvo la barca rosa de su vivir... trizándose las sienes como vasos sutiles...* sin untar de preces *sus dos labios febriles.*

186

El ruego

Empero, ella sabe *que era bueno... que tenía el corazón entero a flor de pecho, que era suave de índole, franco como la luz del día, henchido de milagro como la primavera* y entonces eleva hacia lo alto el Ruego más doliente que jamás haya salido de ser humano, que todos los autores repiten, que las generaciones saben de memoria y cuyos versos se han hecho inmortales:

Señor, Tú sabes cómo con encendido brío,
por los seres extraños mi palabra te invoca.
Vengo ahora a pedirte por uno que era mío,
mi vaso de frescura, el panal de mi boca.

Cal de mis huesos, dulce razón de la jornada,
gorjeo de mi oído, ceñidor de mi veste...

Y queda allí, *con la cara caída sobre el polvo,* parlando al Señor *un crepúsculo entero, o todos los crepúsculos a que alcance la vida,* si tarda en decirle la palabra que espera.

Fatigará su oído *de preces y sollozos, lamiendo, lebrel tímido,* los bordes de su manto... hasta que su clemencia esparza *en el viento el perfume de cien pomos de olores* y *el yermo* eche flores y *esplendores el guijarro:*

¡Di el perdón, dilo al fin!

Para María Carolina Geel, este poema *y la Sonata de la Muerte Fúnebre del músico polaco, son las dos expresiones más tremendamente trágicas de la ciega razón humana detenida frente a la Muerte.*[98]

---

[98] Geel, M. Carolina, *Siete escritoras chilenas,* Edit. Rapa Nui S.A., Santiago de Chile, s/f, p. 20.

Interrogaciones

En Gabriela, en su espíritu y en su carne, en su corazón y en sus nervios, la hondura bíblica, el lenguaje volcánico y desgarrado, irrumpe una vez más:

¿Cómo quedan, Señor, durmiendo los suicidas?
¿Un cuajo entre la boca, las dos sienes vaciadas,
las lunas de los ojos albas y engrandecidas,
hacia un ancla invisible las manos orientadas?
....
¿No hay un rayo de sol que los alcance un día?
¿No hay agua que los lave de sus estigmas rojos?

Tal el hombre asegura, pero Gabriela, que ha gustado a Dios como *un vino, mientras los otros siguen* llamándole *Justicia,* no le llamará *nunca otra cosa que Amor!* El Señor es para Gabriela *el vaso donde se esponjan de dulzura los nectarios de todos los huertos de la Tierra!*

Sonetos de la muerte

Y con *dulcedumbre de madre para el hijo dormido,* bajará al amado *a la tierra humilde y soleada,* desde el *nicho helado en que los hombres* le *pusieron. Luego,* irá *espolvoreando tierra y polvo de rosas* y lograrán por fin soñar ambos, *sobre la misma almohada...* y hablar después, *por una eternidad...* sin que *la mano de ninguna* baje a disputarle su *puñado de huesos.*

Volverlo a ver

Y la obsesión sigue, no acaba, no muere, se retuerce, se alza enloquecida:

188

¡Oh, no! ¡Volverlo a ver, no importa dónde,
en remansos de cielo o en vórtice hervidor,
bajo una luna plácida o en un cárdeno horror!

¡Y ser con él todas las primaveras
y los inviernos, en un angustiado
nudo, en torno a su cuello ensangrentado!

¿Realidad o fantasía?

Ahondar en este tema conmovedor y único en la poesía castellana, como lo reconocen todos los autores que se han adentrado en la entraña misma –sentimental y poética– de Gabriela Mistral, nos llevaría a extremos insospechados.

La voz de los críticos

Quien campea en la defensa de establecer un nexo que anude la más estrecha relación entre el drama y la poesía, entre la vida y la inspirada palabra de la poetisa, es Julio Saavedra Molina, en tres acuciosos estudios crítico-biográficos que en el fondo son uno solo y que resumido aparece como Introducción a las *Poesías Completas* de Gabriela, editada por Aguilar en su *Biblioteca de Premios Nobel.*[99]

---

[99] Los tres ensayos aludidos son: 1) *Gabriela Mistral,* en *Rev. Hispánica Moderna,* Nueva York, enero de 1937; 2) *Gabriela Mistral: su vida y su obra,* Ed. Prensas de la Universidad de Chile, Stgo., 1946; y 3) *Estudio crítico-biográfico,* que encabeza la obra *Poesías Completas* de Gabriela Mistral, editada por Aguilar en su *Biblioteca Premios Nobel,* Madrid, 1962.

Sin embargo, el propio Saavedra Molina tiene desfallecimientos en la tesis que sustenta con tanto ardor, y cae, a menudo, en debilidades y renuncios.

Es difícil –afirma en una parte de su último estudio– *separar en la obra de Gabriela Mistral la parte de hechos vividos por ella y la parte de situaciones imaginadas..., porque ella misma no ha historiado el drama amoroso que motivó sus desolados poemas.*[100]

Pero, vividos o imaginados –agrega–, *los temas principales forman un tejido auténtico y único en el alma de la autora y traducen ciertos momentos de la neurosis, cuya curva asciende, primero, hasta la crisis trágica; luego, desciende hasta devolverle la salud, hacia 1919 y los treinta años de edad, acto final del drama...*[101]

Al referirse a *Desolación* reconoce que *en este manojo lírico están prendidas algunas briznas del drama singular* que aparecen al trasluz de algunos de sus principales poemas; *singular hasta por la endeble realidad que le sirve de base y que el temperamento poético de Gabriela convirtió, más por sugestión que con imaginación, en un primer acto: el suicidio por pasión de amor y remordimiento; y en un segundo acto: la esterilidad voluntaria por expiación.*[102]

Si reflexiones tan terminantes brotan de la pluma del principal defensor de la identificación de la vida y poesía de Gabriela, ¿qué extraño tiene que otros autores menos enfervorizados con la tesis sostenida por Saavedra Molina, agreguen nuevas interrogaciones al profundo drama interior de la Mistral?

---

[100] Saavedra Molina, Julio, *Estudio crítico-biográfico* de la edición Aguilar, ya citada, p. XXXIX.

[101] Idem.

[102] Saavedra Molina, Julio, *Estudio crítico-biográfico, op.cit.,* p. LXVI.

Así, Estela Miranda en *Poetisas de Chile y Uruguay:* *Mucho se ha novelado respecto al fondo de efectividad que pudiera existir en esa pasión inspiradora de su arte, y a nuestro entender, él está con un recuerdo amoroso tal vez real, pero despojado de extraordinarios atributos, y engrandecido en el espíritu de la artista, por la distancia y su don poético.*[103]

Si la lógica tuviera validez en el estudio de la creación artística, Dolor debería ser una proyección de la vida de su autora, sostiene Norberto Pinilla. *Pero a esta altura del tiempo –agrega– se está lejos del realismo ingenuo. La obra de arte no siempre es expresión de la vida del escritor.*[104]

¿Cuándo llegaron a intimar?, se pregunta Fernando Alegría. *¿Confesó alguna vez Gabriela el impulso arrebatado, turbulento, de su amor naciente; las llamas que su majestuosa calma apenas lograba mantener secretas? Si lo hizo, se intimidó Ureta. Nadie que les conoció en ese tiempo pareció prestar mucha atención a sus amoríos. Les vieron acercarse –según Alegría–, permanecer un tiempo juntos y, luego, separarse sin ruido. Cuando él dejó de venir a la pensión, Gabriela no dijo nada. Penó en silencio. Pero, de súbito, se produce la tragedia. Y nace la leyenda.*[105]

Marie-Lise Gazarian-Gautier, la *Niña Azul* de Gabriela Mistral, sorprendentemente bien informada sobre tan delicado episodio, aclara: *Romelio Ureta murió en Coquimbo cuando Lucila se hallaba en Santiago. Se suicidó en un momento de desesperación al no poder reponer una*

---

[103] Miranda, Estela, *Poetisas de Chile y Uruguay,* Ed. Nascimento, Stgo., 1937, p. 39

[104] Pinilla, Norberto, *op. cit.,* p. 38.

[105] Alegría, Fernando, *Genio y figura de Gabriela Mistral,* edición cit., p. 25.

suma de dinero... Como se halló entre sus pertenencias una vieja tarjeta con la firma de Lucila, y ella escribió más tarde apasionados poemas sobre el suicidio, se tejió una leyenda en torno a ambos. Sin embargo, es importante destacar que este episodio de la vida de Lucila no fue la única fuente de inspiración de sus versos de amor. "Dolor" se refiere a dos episodios diferentes de la vida de la poetisa, pero en la forma en que escribe, ella hace creer al lector que esos poemas fueron inspirados por un solo amor, frustrado por el suicidio de su amado.[106]

Por su parte, el autor de la tan controvertida obra *La Divina Gabriela* inserta en ella una carta de *una diligente y distinguida profesora de La Serena,* carta jamás rectificada por la propia Gabriela, que entre otras cosas manifiesta: *Respecto al amor que se atribuye a Lucila, dice la hermana de ella, doña Emelina Molina v. de Barraza, que había un joven que trabajaba en los Ferrocarriles y parece que quería a la Mistral. Fue un cariño platónico. Era ella muy pequeña todavía.*

Enseguida la carta citada por Virgilio Figueroa da otros detalles, y al mencionar, concretamente, el suicidio de Ureta, afirma: *En los bolsillos se le halló una tarjeta con el nombre de Lucila Godoy. Era todo lo que tenía en su traje. De aquí se tejió la novela alrededor de su vida.*[107]

Augusto Iglesias: su teoría de la ensoñación

Augusto Iglesias es, sin duda alguna, quien más ha incursionado y profundizado en la entretela misma del

---

[106] Gazarian-Gautier, Marie-Lise, *Gabriela Mistral, la maestra de Elqui,* Ed. Crespillo, B. Aires, 1973, p. 34.

[107] Figueroa, Virgilio, *op. cit.,* pp. 81-82.

apasionante episodio. Con sólida argumentación, amarrando cabo tras cabo, llega a la conclusión –una vez desmenuzadas las argumentaciones de Saavedra Molina– que *la idealización que* Gabriela *hace de su "flirt" con Romelio Ureta, en los Sonetos de la Muerte, es a todas luces el producto de un ensueño doloroso...*[108]

La creencia muy común –apunta Iglesias– de que Gabriela idealiza en esos versos un idilio histórico, un acontecimiento serio que ocupa la mayor parte de su biografía juvenil, se sostiene, en verdad, sobre bases muy débiles, y en gran medida por pruebas legendarias.[109]

Sin embargo –agrega–, en esa vaguedad de los elementos poéticos que juegan en la composición aludida, y valiéndose de estrofas coincidentes escritas por Gabriela en épocas y oportunidades diversas,... don Julio Saavedra Molina... pretende reconstruir el drama pretensamente oculto de la niña de Elqui. El procedimiento nos parece ingenioso, pero en modo alguno –ni por el fondo, ni por la forma de organizar la historia– (es) capaz de conciliar en nuestro juicio los necesarios elementos de una prueba aceptable.[110]

Desde luego, interroga Iglesias, *¿quién entre sus familiares de Elqui o sus amigas serenenses sostiene eso del amorío de Gabriela?*

Pues... ¡nadie! Jamás hablaron de ello, para darle siquiera una pequeña importancia, ni su hermana mayor, ni las señoritas Molina ni persona alguna relacionada directa o indirectamente con Ureta. Al contrario... "nunca Lucila conversó de esto con su hermana", el ser más querido y cercano a su corazón!...

---

[108] Iglesias, Augusto, *op. cit.,* p. 222.
[109] Idem.
[110] Idem.

*En efecto, Emelina, sólo cinco años después del cono-
cimiento de Gabriela con Romelio Ureta, supo de este "flirt".
En La Serena, Gabriela tuvo amigas íntimas, entre
ellas las señoritas Molina. Tampoco las señoritas Molina
oyeron nada del famoso idilio.*[111]

Iglesias insiste más adelante: *Tampoco se ha hecho
referencia a posibles cartas de Lucila con el señor R.U. Se
habla de una tarjeta postal que se habría encontrado en-
tre los papeles del joven luego de su nefanda decisión; pero
en ese tiempo las tarjetas postales eran casi un deporte, y
se coleccionaban al igual que el "hobby" filatélico.*[112]

Enseguida, Iglesias se remite a la actitud de la Mis-
tral: *En cuanto a la actitud de Gabriela... ¡más bien no
hablar! Nunca la ilustre mujer ha querido referirse a este
asunto. Y no por hermetismo, sin duda, puesto que en
ese "flirt" de muchacha no existe ni la sombra de un des-
liz, nada incorrecto o bochornoso que deba o debiera
ocultarse.*[113]

No puede negarse que los razonamientos de Igle-
sias son atendibles. Podemos argüir, además, que des-
de 1904 Lucila Godoy colaboraba en prosa y en verso
en las principales revistas y periódicos de las localida-
des de Coquimbo y de La Serena. ¿Cuál fue la razón,
por consiguiente, que al tomar conocimiento del trági-
co suceso del 25 de noviembre de 1909, que culmina
con la muerte de su amado, no diera expresión literaria
alguna a sus íntimos y naturales sentimientos?

Sólo en 1912, tres años más tarde, encontrándose
en Los Andes, más concretamente en Coquimbito, es-
cribió los *Sonetos de la Muerte,* que fueron laureados en
los históricos Juegos Florales de 22 de diciembre de 1914

---

[111] Iglesias, Augusto, *op. cit.,* pp. 230-231.
[112] Id., p. 231.
[113] Id., pp. 231-232.

y que la pusieron en la cumbre de la fama con el nombre de Gabriela Mistral.

En estos versos –reflexiona Iglesias– *se halla clara y precisa la clave del romance de Gabriela Mistral, y con ella la confirmación de nuestras sospechas. Dice el poeta: Yo elegí esta invariada / canción con la que arrullo un muerto que fue ajeno / en toda realidad, y en todo ensueño, mío...*[114]

Y concluye el agudo académico e investigador: *No es otra cosa lo que hemos sostenido...*[115]

Finalmente, Iglesias cierra sus observaciones con los siguientes y trascendentales párrafos:

Estimulada por el éxito que tuvo en los Juegos Florales... con los Sonetos de la Muerte... Gabriela continuó divagando sobre el mismo tema con creciente patetismo..., compenetrada, cada vez con mayor fuerza, por la voluntad del Mito que forjara su vigorosa inspiración.

Lo que aparece desdibujado y hermético en los Sonetos de la Muerte, cubierto aún por las brumas, las incongruencias y símbolos propios del lenguaje de los sueños, cobran humana nitidez en los poemas subsiguientes... Cumplida su parábola, el ensueño que lo impulsara había llegado a su fin...

En los Sonetos de la Muerte se halla, al pensar del autor que glosamos, *la célula o primera manifestación literaria de un ensueño amoroso. ¿Cuál? El que puso en el estro de Gabriela el hecho "a peu près romantique" de que un joven a quien ella no concedió más allá de una simpatía intrascendente, hubiese llevado consigo al morir la última tarjeta postal que ella le enviara...*[116]

---

[114] Iglesias, Augusto, *op. cit.,* p. 234.
[115] Idem.
[116] Iglesias, Augusto, *op. cit.,* p. 235.

Pero a Iglesias todavía le queda algo que decir: *Cumplida la suerte de aquel ensueño juvenil que comienza en los Sonetos de la Muerte y se realiza pleno con la publicación de su primer libro, Gabriela se olvida, en cierto modo, del Mito que ella misma creara. Y de tal manera insólita es su actitud, que hasta los más fervorosos partidarios de su lírica hemos protestado. ¿Qué razones nos daría, por ejemplo, para explicarnos la expulsión que hizo de "El Ruego" de la Antología de sus versos que ella seleccionara y que publicó Zig-Zag?*[117]

Las contradicciones de Gabriela

Por nuestra parte, queremos reforzar lo aseverado por el acucioso investigador, allegando otras opiniones y la propia.

Dulce María Loynaz, la inspirada poetisa cubana que caló hondo en el alma de Gabriela, cuando le brindó su ancha hospitalidad en su mansión de La Habana, ha escrito en su recuerdo lírico "Gabriela y Lucila" que encabeza junto al de Saavedra Molina la edición de *Premios Nobel* de Aguilar: *Se ha dicho que en los últimos tiempos,* Gabriela, *aborrecía sus obras iniciales, en particular aquellas que le dieron gloria, como El Ruego.*[118]

Más terminante aún es la afirmación de Alone, el más desapasionado de los críticos de la producción de nuestro Premio Nobel, cuando anota en Nápoles, en 1952: *No sin pesar interno escuchamos de los labios de Gabriela Mistral que por un... proceso de sobresatura-*

---

[117] Iglesias, Augusto, *op. cit.,* p. 236.
[118] Loynaz, Dulce María, *Gabriela y Lucila,* edición de Aguilar citada, p. CXIX.

ción, la extremada popularidad de dos de sus poemas, los más célebres de todos, la ha conducido a aborrecerlos en su corazón y, si pudiera, los haría pedazos, los borraría de las colecciones hasta exterminarlos. Nombra "El Ruego" y "Los Sonetos de la Muerte".

–¡Gabriela!

–Sí, sí –repite–. Son cursis, dulzones.[119]

Nos hacemos cargo de la pesadumbre de Alone, tanto más cuando recordamos haber leído en *La Nación* un artículo suyo, en el que cabalmente había sostenido que *ninguno* –aludía a Rubén Darío, Becquer, Espronceda y Garcilaso– *transmuta la sangre en espíritu imperecedero, en armonía ronca y palpitante, densa de humanidad, como esos dos poemas de nuestra poetisa... Es un puro delirio de dolor, de piedad, de amor, de ruego... La línea del grito pasional, la imprecación de amor no han subido nunca tanto en las letras castellanas como los hace remontarse, por ejemplo, "El Ruego". Eso es hebreo, lleva lava de volcán profético, alcanza el corazón de la divinidad.*[120]

No obstante, en la Antología de Gabriela Mistral, seleccionada por la autora, y cuyo Prólogo Gabriela encomienda a Ismael Edwards, porque a su entender *tiene el don inglés de ser exacto, aventando a la vez la cursilería elogiosa y el denuesto criollo,* no figura, como lo apunta asimismo Alone en 1942, *la fundamental "Plegaria", llamada también "El Ruego", pieza de entonación bíblica*

---

[119] Alone, *En Nápoles, El Mercurio,* Fdo. en Nápoles, 8 de mayo de 1952, y reproducido por Calderón en *Pretérito Imperfecto (Memorias)* de Alone, selección y prólogo de Alfonso Calderón, Stgo. de Chile, 1976, cf., pp. 913-914.

[120] Alone, *La Nación:* "Estudios sobre Gabriela Mistral", de Raúl Silva Castro. Artículo reproducido en la obra *Gabriela Mistral* de Alone, Nascimento, Santiago de Chile, 1946, cf., pp. 62-63.

que podría llevar el nombre del salmista y donde las dos notas típicas de su inspiración, el amor y el dolor, alcanzan una cumbre máxima, no superada y que creemos difícilmente superable. Ella la ha suprimido.[121]

Cuánto más podríamos adicionar por nuestra cuenta. Testimonios y argumentos no nos faltan. Desde luego, las manifiestas contradicciones de Gabriela en sus variadas conversaciones y entrevistas, sostenidas ya con intelectuales, amigos o periodistas, sobre el controvertido tema que analizamos, nos proporcionarían múltiples reflexiones. *En tres ocasiones me dio Gabriela* –escribe Berta Singerman– *tres versiones distintas del suicidio cuyos motivos ella nunca logró entender.*[122] Ahora, a quien quiera percatarse más a fondo de estas discordancias le aconsejamos la lectura comparativa, v. gr., de las opiniones vertidas por Gabriela, entre otras personalidades, a Jorge Inostrosa;[123] a Roberto Núñez y Domínguez;[124] a Lenka Franulic;[125] a Ciro Alegría;[126] a Jerónimo Lagos Lisboa;[127] a Dulce María Loynaz;[128] a Matilde Ladrón de Guevara;[129] y a tantos más, cuya sola enunciación alargaría innecesariamente este ensayo.

---

[121] Alone, *Gabriela Mistral,* edic. cit., p. 99.

[122] Singerman, Berta, *Recuerdos de Gabriela Mistral,* Ed. Cuadernos Israelíes, p. 7.

[123] Entrevista de Jorge Inostrosa a Gabriela Mistral, ya citada.

[124] Núñez y Domínguez, Roberto, artículo aparecido en el diario madrileño *Dígame,* el 15 de enero de 1957.

[125] Franulic, Lenka, *Reportaje a Gabriela,* revista *Vea,* de 27 de mayo de 1952.

[126] Alegría, Ciro, *op. cit.*

[127] Lagos Lisboa, Jerónimo, entrevista ya citada, aparecida en *El Diario Ilustrado,* el 12 de enero de 1957.

[128] Loynaz, Dulce María, art. cit., *Gabriela y Lucila.*

[129] Ladrón de Guevara, Matilde, *Gabriela Mistral, rebelde magnífica,* Ed. Imprenta Central de Talleres del Servicio Nacional de Salud, Stgo., 1957, p. 30.

Un solo ejemplo. A Ciro Alegría: *La gente habla pero no es verdad. No tuve amor. Si alguna vez te preguntan, di eso, como si fueras mi hijo.*[130] A Matilde Ladrón de Guevara: *–¡Ay Matilde, las cosas que me pregunta!... Usted que comprende todo, tiene que haber comprendido también que ese amor no es precisamente el amor que me inspiró los Sonetos de la Muerte. ¡Fue un segundo amor, hermana!*[131] Habla Dulce María Loynaz: *Le oí decir, con el consiguiente asombro, que el novio aquel que le fuera doblemente arrebatado no había sido en verdad su único amor... Bien sé que a muchos costará trabajo aceptar que la mujer que escribió El Ruego haya podido pensar siquiera en consolarse con otros amores. Y lo comprendo: yo tampoco lo hubiera creído, de no escucharlo de su propia boca.*[132]

Léase a González Vera en *Cuando era muchacho;*[133] y en *Algunos*[134] y se podrán advertir dos versiones opuestas; y por último, léase a Alone en su Prólogo a los *Poemas* de Jorge Hübner Bezanilla, en donde aflora un nuevo amor de Gabriela Mistral, sellado en una correspondencia en la que *Gabriela desahogaba su alma tempestuosa,* que custodiada por Sara Hübner la consumió el fuego, el silencio o el olvido. En Alone sólo queda el recuerdo de una tarjeta –que un día vio– enviada por la poetisa a Hübner, desde *Los Andes con una vista cordillerana, árida y dura, y esta frase: Como estos montes me tienes de tajeado y negro el pecho.*[135]

[130] Alegría, Ciro, *op. cit.,* p. 51.
[131] Ladrón de Guevara, Matilde, *op. cit.,* p. 30.
[132] Loynaz, Dulce María, art. ya referido, p. CXXXVIII de la edición citada.
[133] González Vera, José Santos, *Cuando era muchacho,* edición citada, p. 170.
[134] González Vera, José Santos, *Algunos,* edición citada, p. 129.
[135] Alone, Selección y Prólogo a *Poemas,* de Jorge Hübner Bezanilla, Ed. Nascimento, Stgo. de Chile, 1966, p. 11.

Todo lo hasta aquí presentado nos marca el camino que nos conduce hasta el gran amor, desconocido hasta ahora, de nuestra gran poetisa. Si el primero, con Alfredo Videla Pineda, no alcanzó a ser sino un devaneo de niña adolescente; y el segundo con Romelio Ureta, una explosión amorosa no correspondida, el tercero, cuyas cartas hablan por sí solas y que en momentos llegan al clímax de la intimidad, son el fruto de *la edad retempladora que en la mujer es comienzo de una segunda juventud,* como lo advierte Balzac. *Ya en la mitad de mis días espigo... la vida es oro y dulzura de trigo,* canta la propia Gabriela en *Palabras Serenas.*

En más de algún instante nos ha asaltado la duda si cometemos una grave indiscreción al dar a luz las cartas de Gabriela, reveladoras de sus sentimientos más íntimos, pero nos ha tranquilizado la idea que interesa sobremanera su conocimiento para completar su perfil humano y su vasta y genial creación literaria, y más aún, para ahuyentar definitivamente las sombras que mentes enfermizas han pretendido, en más de una oportunidad, tender sobre la recia personalidad moral de nuestro insigne Premio Nobel.

Ahora, cuanto hemos dado a conocer sobre las diversas tendencias que analizan la realidad o el ensueño del inspirador de los *Sonetos de la Muerte,* en nada amengua tampoco la altura moral y el genio poético de Gabriela Mistral.

Como dice en *Algunos,* González Vera, *no importa quién fue el joven, ni cuál su figura, ni su nombre, ni su individualidad.* Lo que importa es que *fue un prójimo feliz por haber suscitado amor tan intenso, tan delicado, tan celoso, tan tierno, tan perdurable y de tanto halo metafísico, como no hay ejemplo en la poesía castellana.*[136]

---

[136] González Vera, José Santos, *Algunos,* edición citada, p. 138.

Sea como fuere, simple pretexto lírico ofrecido a su inspiración o estricta verdad, ha venido a constituir la columna vertebral de su obra, motivo unificador central al que convergen, como los ríos al océano, todas las orientaciones de su preocupación.[137]

O mejor aún, como expresa Dulce María Loynaz: *Si Gabriela Mistral fue capaz de crearse ella sola un mundo para ella sola, y un mundo tan patético y hermoso como el que descubrimos en Desolación, Gabriela ha hecho más que hacer un libro: Gabriela ha robado, sin quemarse, el fuego de los dioses.*[138]

V. LA PASION DE GABRIELA:
EL POETA DE LA BARBA NAZARENA

Una cumbre ardida de sol

Un grande amor es una cumbre ardida de sol; las esencias más intensas y terribles de la vida se beben en él. El que quiso así, "no pasó en vano por el camino de los hombres".[139] (Gabriela a E. Labarca.)

El nuevo romance aflora tras una quemante y dilatada correspondencia que comprende centenares de cartas, según lo reconoce la propia Gabriela Mistral en *Magallanes Moure, el chileno,* y que abarca un período de diez años, de 1913 a 1922, o sea, desde el año que antecede al triunfo de Gabriela en los Juegos Florales de

---

[137] Miranda, Estela, *op. cit.,* p. 40.
[138] Loynaz, Dulce María, *Gabriela y Lucila,* edición ya citada, p. CXXVII.
[139] Gabriela Mistral a Eugenio Labarca, 1915, *op. cit.,* p. 24.

Santiago, hasta aquel en que sale a México invitada por Vasconcelos, *en batalla de sencillez, y la boca rasgada por el dolor...* Escasos meses antes, Manuel Magallanes, *el poeta del amor y la primavera,* había zarpado rumbo a la vieja Europa, para caer fulminado dos años después, víctima de un ataque de angina, el 19 de enero de 1924 en Santiago, a los cuarenta y cinco años de edad.

De los centenares de cartas de que nos habla Gabriela Mistral, sólo hemos logrado reunir treinta y ocho. Las demás desaparecieron en bruma de silencio. A lo mejor, las piadosas manos de la incomparable compañera de Magallanes las entregaron a las llamas de alguna chimenea que al convertirlas en ceniza y lumbre, las consumieron para siempre.

Sus cartas las hemos ordenado, tras fatigosa labor, procurando ubicarlas en el tiempo y en el espacio, dentro de la órbita que la naturaleza de los acontecimientos aconsejan. Los firmes rasgos de su escritura registran el viaje lacerante a las profundidades de un alma atormentada.

En su recopilación hemos actualizado tan sólo su ortografía. (Es sabido que Gabriela empleó siempre la i *latina* en conformidad a la ortografía preconizada por la Gramática de don Andrés Bello, en lugar de la y *griega* auspiciada por la Academia Española. Citamos este caso sólo como un ejemplo.)

Las numerosas cartas que integran este conmovedor epistolario están suscritas en las más variadas ciudades y parajes; algunas en Temuco, en donde Neruda la ve llegar *alta, vestida color de arena;* otras, en la zona más austral, Punta Arenas, donde sus *hombres de ojos claros no conocen sus ríos y traen frutos pálidos, sin la luz de sus huertos (Desolación);* y las más, en Los Andes, donde conoció a Laura Rodig; consolidó su amistad con don Pedro Aguirre Cerda; escribió *Los Sonetos de la Muerte;* triunfó, amó y dejó *su perfil iluminado cada tarde en la montaña.*[140]

La noche sagrada de los Juegos Florales

Las dos primeras, que demuestran que muchas otras debieron precederlas, están fechadas el 23 y 24 de diciembre de 1914, esto es, en los días siguiente y subsiguiente a los Juegos Florales, en los que sus *Sonetos de la Muerte* entonaron *en la Noche Sagrada* del 22 de diciembre una canción *alada y de llanto consternado,*[141] acrecentando y fortaleciendo de esta manera su aureola dentro y fuera de nuestras fronteras nacionales.

¡Cuánta extraña paradoja en los sentimientos, en el espíritu y en las letras revelan las líneas de esas dos cartas tan breves como torturantes!

Mientras Víctor Domingo Silva, el *vate sonoro y derramado,*[142] lanza al viento las atenaceantes estrofas de *Los Sonetos de la Muerte* que hablan *del nicho helado donde los hombres...* pusieron al suicida, y de la resolución de la "amada" de acostarlo *en la tierra humilde y soleada con una dulcedumbre de madre para el niño dormido,* Lucila aclara a Magallanes que *sólo por oírlo* a él, *no por mis versos,* ha ido a las galerías del Teatro Santiago, escapando de las miradas del Presidente de la

---

[140] Rodig, Laura, art. cit., *Anales,* p. 285.
[141] *El libro de los Juegos Florales.* Los primeros Juegos Florales de Santiago. Organizados por la Sociedad de Artistas y Escritores y celebrados en el Teatro Santiago el 22 de diciembre de 1914. Glosas y madrigales compilados por Julio Munizaga Ossandón. Empresa Zig-Zag, s/f ni foliación.
[142] Cf. Alone, *Hist. Personal de la Literatura Chilena,* Ed. cit., p. 311.

República, del Alcalde de la capital, de la hermosa Reina y de su Corte de amor, y sobre todo, *de los aplausos de una multitud* que le *hacen daño. Por oírlo a Ud., por eso fui,* le reitera. *¡Si al menos lo hubiera visto! Pero ni aun eso,* afirma con desconsuelo. Dolorida, se pregunta: *¿Es esto un símbolo? Cuando vaya a su encuentro, ¿extenderé mis brazos hacia una sombra fugitiva?* Y, tiernamente, concluye: *Un sueño suave de niño sano y puro, para usted, Manuel, en esta noche...* [143]

Esta carta está fechada el 23 de diciembre. Magallanes le dio respuesta inmediata. El 24, en una esquela de 25 líneas autógrafas, Gabriela –que para los demás ha dejado de ser Lucila– le expresa: *Su carta me dejó sin voz, sin acción, hasta sin pensamiento! (A qué hondor ¡Dios mío! había llegado esto!)... Mi anterior llevó palabras necias que, destinadas a acariciar, fueron a herir.*

Han corrido escasos cinco años desde aquel fatídico 25 de noviembre, en el que el suicida quedara con *un cuajo entre la boca, las dos sienes vaciadas...,* y ya Lucila se ha olvidado del que consideraba la *cal de sus huesos,* su *vaso de frescura, el panal de* su *boca.* Otra es la pasión que ardida sacude su pecho.

Y precisamente, en el día señalado por las estrellas, cuando todo un pueblo aclama *Los Sonetos de la Muerte,* con humedad en los ojos y temblores en el alma,

---

[143] Los Juegos Florales del 22 de diciembre de 1914 son, sin duda, los de más relieve y jerarquía de los celebrados en Chile, no sólo por constituir el pedestal de la fama de Gabriela, sino que por haberse dado cita en el Teatro Santiago, en la capital de Chile, la más genuina representación de las letras y de las artes, bajo la presidencia del Jefe del Estado don Ramón Barros Luco, del Alcalde don Ismael Valdés Vergara, del Presidente de la Sociedad de Artistas y Escritores don Manuel Magallanes Moure y de los más destacados valores de la intelectualidad chilena.

ella asiste, no por escuchar los versos dedicados al amado, sino por oír y ver al poeta de la barba nazarena, cuya carta la ha dejado *sin voz, sin acción, hasta sin pensamiento!* Ya no le sangra el *remordimiento de mirar un cielo que no ven sus ojos* –los del suicida– y *de palpar las rosas que sustentan la cal de sus huesos!*

Manuel Magallanes –el nuevo amor de Gabriela, de una Gabriela más madura, *con aire de quietud y de majestad, entre campesina montañesa, hermosa india boroa de ojos verdes o cariátide en movimiento...,* como la contempla en esos años quien la esculpió en piedra y la cinceló en bronce–,[144] Manuel Magallanes, repetimos, el fino poeta de *La casa junto al mar, sin duda uno de los más hermosos libros líricos que se han escrito en Chile,* al pensar de Silva Castro,[145] fue el artífice del resonado triunfo de Lucila Godoy en los inolvidables Juegos Florales de 1914. En su calidad de Presidente de la Asociación de Artistas y Escritores de Chile, le correspondió patrocinar, en primer término, los tan renombrados Juegos; y enseguida, como integrante del jurado, inclinar con su voto la balanza en favor de *Los Sonetos de la Muerte.* Los otros dos miembros del jurado habían volcado su decisión disparmente, en favor de Julio Munizaga Ossandón, Miguel Luis Rocuant; y de Gabriela Mistral, Armando Donoso. Producido el empate, fue definitivamente resuelto por el voto de Magallanes en beneficio de *Los Sonetos de la Muerte,* colocando así oficialmente a la humilde maestra rural en el umbral de la gloria.

---

[144] Rodig, Laura, art. cit., Anales, p. 285.
[145] Silva Castro, Raúl, *Panorama Literario de Chile,* p. 67.

El misticismo de Gabriela:
su clamor por la fe y la perfección

Pero la maestra campesina que *como un henchido vaso,* trae *el alma hecha para dar ambrosía de toda eternidad,* no se desvanece ni se embriaga con el incienso del trofeo y de la palma. Sabe cuán perecedero es el triunfo si no se asienta en lo que permanece y no cambia, en lo que lleva el sello de lo eterno; en una palabra que todo lo comprende: Dios. Y así, cuando aún no se han apagado los aplausos y los vítores de los Juegos Florales que le dieron la más alta distinción –la flor natural, la medalla de oro y la corona de laurel–, envía a Magallanes, el 26 de enero de 1915, una extensa comunicación en la que la Fe se enlaza con el Amor en forma sublime.

Su primera afirmación es que *el amor a los seres... es la flor misma... la coronación de la religión.*

Enseguida con auténtica modestia se reconoce *mala, dura de carácter, egoísta enormemente,* ya que *la vida exacerbó esos vicios y* la *hizo diez veces dura y cruel.* En cambio, se conmueve cuando percibe que por las venas de Magallanes corre *no la sangre espesa que da las pasiones comunes, los celos, los rencores, sino un zumo azul de azucenas exprimidas.*

Pero siempre –añade–, *siempre, hubo en mí un clamor por la fe y por la perfección, siempre me miré con disgusto y pedí volverme mejor.*

A continuación ahonda en la naturaleza conmovedora de la fe: *¿No ha pensado Ud. nunca que la fe sea un estado de vibración especial en el cual hay que ponerse para que el prodigio venga a nosotros o se haga dentro de nosotros?... ¿No ha pensado Ud., cuando los descreídos alardean de no haber oído llamado alguno espiritual, que la fe mueva dentro de nosotros ocultos re-*

sortes, abra ventanas incógnitas que nadie sino ella pueda abrir, hacia lo desconocido? Ud. *que sabe del amor a todo lo que vive* –manifiesta a Magallanes– *habrá sentido que ese estado de simpatía es una felicidad,* que para ella, para Gabriela, llega al éxtasis.

Ese estado de fe, sigue, *se parece mucho a ese estado de arrobo que da ese amor. De ahí que el que ame se parezca mucho al que cree y de ahí que la fe pueda llenar el sitio que el amor debió llenar en un alma.*

Piensa que *Santa Teresa y los místicos conocieron, dentro de la exaltación espiritual, el estado de amor como el más apasionado de los mortales... lo conocieron enorme y arrebatador en sus éxtasis.*

¡Se parecen tanto el rezar y el querer intenso!, exclama.

El estado de exaltación en el que florece la oración, le lleva a veces todo un día! Voy orando, orando –repite en un rapto de mística sublime–; *mi corazón y mi pensamiento son una llama que clamorea al cielo por trepar hasta Dios, y esos son mis días de dicha interna. Será que riego las cosas de mi amor y gasto raudales de espíritu...*

Finalmente: *Yo sé que la perfección no puede ser sino la serenidad. Y la busco, y la hallaré algún día.*

Y concluye disminuyéndose, empequeñeciéndose a sí misma, frente al amado, señalando las *diferencias dolorosas* que existen entre ambos: Ud. *–luna, jazmines, rosas– y yo, una cuchilla repleta de sombra, abierta en una tierra agria. Porque mi dulzura... es una cosa de fatiga, de exceso de dolor, o bien, es un poco de agua clara que a costa de flagelarme me he reunido en el hueco de la mano, para dar de beber a alguien, cuyos labios resecos llenaron de ternura y de pena!...*

Si con mi escoria negra suelo yo hacer una estrella (entrar en divino estado de gozo espiritual), Ud. con su pasta de lirios... ¿qué corriente de luz eterna atraería a su mar, qué vientos cargados de olor a gloria bajarían a su valle, si Ud. quisiera gritar con todas sus fuerzas creo?

No es fácil concebir un mundo interior más ancho que el que refleja esta carta de Gabriela. Su fuego interior alumbra. Su fe, como llama limpia, abrasa y quema. Su oración purifica y eleva el alma de Dios. En algunos de sus conceptos se adivinan y descubren raíces de eternidad.

¡La creyeron de mármol y era carne viva!

Pero el tiempo no se detiene. Corren veloces quince días. Y Gabriela sufre depresiones lastimosas. A la luz cegadora de la fe, sigue la entraña negra del pesimismo más exacerbado. A la apoteosis mística de dos semanas atrás, el hastío que le corroe el corazón. Y así nos encontramos el 10 de febrero con una de las misivas más desconcertantes a la par que desconsoladoras de Gabriela. Es tan representativa de su cambiante sensibilidad, de su temperamento acongojado e inestable que no nos resistimos a transcribirla *in integrum.*

Roque Esteban Scarpa, el minero codicioso del pensamiento y de la vida de nuestra poetisa, glosa en su última obra, *Una mujer nada de tonta,*[146] los principales acápites de la tormentosa carta, pero silencia el nombre del romántico destinatario, que no es otro que el poeta Magallanes Moure, y omite partes esenciales de la misma.

---

[146] Scarpa, Roque Esteban, *Una mujer nada de tonta,* Edit. de la Universidad Católica de Chile, 1976.

Tras su lectura, ¡cómo viene a nuestra memoria la frase del poeta de los cisnes y las princesas encantadas!: *¡La creyeron de mármol y era carne viva!* Escuchémosla en recogimiento y en silencio:

Una mirada retrospectiva: Romelio Ureta

Alojaba yo cuando iba a Coquimbo en una casa que era los altos de la que él ocupaba. Esta noche de que voy a hablarle salía la familia a la playa. Temiendo verlo allá, yo no quise ir. Yo sabía que él estaba de novio y evitaba su encuentro. Lo quería todavía y tenía el temor de que me leyera en los ojos (él, que tanto sabía de ellos) ese amor que era una vergüenza. Desde el corredor de la casa se veía el patio de la suya. Me puse a mirar hacia abajo. Había luna. Vi el sirviente que traía de adentro unas ropas que pensé serían de él –de su patrón–; después le oí gritar: "Ya me voy, patrón". Comprendí que el patrón no había salido. Me senté y seguí mirando y oyendo. ¡Lo que vi y lo que escuché! La novia había venido a verlo y por evitar, quizás, la presencia del amigo con quien compartía la pieza, salió con ella al patio. Por otra parte, tal vez la luna los llamaba afuera. Trajo para ella un sillón: él se sentó en un banquillo. Recostaba la cabeza en las rodillas de ella. Hablaban poco o bien era que hablaban bajo. Se miraban y se besaban. Se acribillaban a besos. La cabeza de él –¡mi cabeza de cinco años antes!– recibía una lluvia de esa boca ardiente. El la besaba menos, pero la oprimía fuertemente contra sí. Se había sentado sobre el brazo del sillón y la tenía, ahora, sobre su pecho. (El pecho suyo, sobre el que yo nunca descansé.) Yo miraba todo eso, Manuel. La luz era escasa y mis ojos se abrían como para recoger todo eso y reventar los globos. Los ojos me ardían, respiraba apenas; un frío muy grande me iba to-

mando. Se besaron, se oprimieron, se estrujaron, dos ho-
ras. Empezó a nublarse, y cuando una nube cubrió la
luna ya no vi más y esto fue lo más horrible. No pudien-
do ver, imaginaba lo que pasaría allí, entre esos dos seres
que se movían en un círculo de fuego. Yo había visto en
ella temblores de histérica; él era un hombre frío pero claro
es que era de carne y hueso. No pude más. Había que ha-
cer que supieran que alguien los veía de arriba. ¿Gritar?
No: habría sido una grosería. Despedacé flores de las ma-
cetas de arriba y se las eché desmenuzadas sobre lo que
yo adivinaba que eran sus cuerpos. Un cuchicheo y, des-
·pués, la huida precipitada. ¿Ha vivido usted, Manuel, unas
dos horas de esa especie? –Vea usted lo que pasó al otro
día. Iba yo a embarcarme para La Serena cuando al sa-
lir me encontré con él. Como otras veces, traté de huirle.
Me alcanzó y me dijo: Lucila, por favor, óigame. Tenía
una mancha violeta alrededor de los ojos: yo otra un poco
roja. La de él, pensé yo, es de lujuria, ¡la mía era la del
llanto de toda la noche! –Lucila, me dijo, mi vida de hoy
es algo tan sucio que Ud. si la conociera no le tendría ni
compasión. Quizás quería contarme todo; pero yo no le
contesté no le inquirí de nada. Lucila, le han dicho que
me caso. Va Ud. a ver cómo va a ser mi casamiento; lo va
a saber luego. ¿Qué pasaba en ese hombre a quien falta-
ban diez o quince días para unirse a aquella a quien, a
juzgar por lo que yo oí, quería? ¿Qué alianzas son éstas,
Manuel? Ella queriéndolo y explotándolo hasta hacerlo
robar; él hablándome de su vida destrozada, a raíz de
esa noche de amor con algo de la náusea en los gestos y
en la voz. Esas son las alianzas de la carne. A la carne
confían el encargo de estrecharlos para siempre, y la car-
ne, que no puede sino disgregar, les echa lodo y los apar-
ta, llenos ambos de repugnancia invencible. Siguió
hablándome y acabó por decirme que en mi próximo via-
je (que era en fecha fija) me iba a ir a esperar a la esta-

ción. No pudo ir; se mató quince días después. Le he contado esto para que crea usted que puede decírseme todo. Yo estoy segura de que no podré sufrir jamás lo que en esa noche de pesadilla. Estoy hecha para esto, para que se quieran a mi vista, para que yo oiga el chasquido de sus besos y les derrame jazmines sobre sus abrazos de fuego. Aquél en 1909; hoy, cualquier otro. –¿Lo estoy ofendiendo, Manuel? Perdóneme, en mérito de que le evito el relato fatigoso de lo que su carta ha hecho en mí. Los seres buenos se hacen mejores con el dolor; los malos nos hacemos peores. Así yo. Perdóneme. –Su L. 20 de mayo. 1915.

Los encendidos términos de esta carta, quemantes y angustiosos, no deben sorprendernos, por cuanto revelan, por una parte, su carácter bravío, su alma tremendamente apasionada, *la desenfrenada vehemencia de su temperamento,*[147] cuya palabra aflora de continuo y desde su más tierna edad, *con tuétano y sangre,*[148] habituada siempre a *hachear conceptos para que chorreen médula;*[149] y por otra, la certidumbre que el amor significaba para ella suplicio y tormento. No debemos olvidar su fatalista y desconsolador pensamiento: *No lo sé; hay algo en mi ser que engendra la amargura, hay una mano secreta que filtra hiel en mi corazón, aun cuando la alegría me rodee.*

Debe tenerse presente, igualmente, que la contemplación de la ardorosa y frenética escena, protagonizada por Romelio Ureta y su prometida, era natural que encendiera la sangre de cualquiera joven normal de veinte años, tanto más cuanto la aparente serenidad de Ga-

---

[147] Alone.
[148] Campoamor, Fernando, cf. Cuadernos Israelíes, ya citado.
[149] Osses, Mario, *op. cit.*

briela estaba *hecha de terremotos interiores,* y que a mayor abundamiento alguna relación existió entre ambos, aunque temporal y precaria.

Además, no debemos olvidar la borrascosa vena de celos que por vida alimentó el espíritu de Gabriela. ¿Puede olvidarse, acaso, su exaltación de Shakespeare, al que destaca como *el hombre para todos los tiempos? Otelo anda por ahí,* afirma. *Yo lo conozco, y Hamlet... quién no lo ha visto ciertas noches, en cierras zonas del alma...*[150]

Y pese a que *a los siete años,* como lo afirma Laura Rodig, *tiene un choque físico y moral que no es posible describir en pocas líneas...,*[151] no por eso deja de gemir su carne, *que vibra al roce de lo humano.* Ricardo Blanco, el delicado pensador costarricense, presenta así este espinoso aspecto de Gabriela Mistral: *Ese amor, el amor por excelencia, que une a los corazones y a los sexos, no fue nunca para Gabriela Mistral un fantasma vestido de ilusiones inexistentes.*[152]

En el fondo de su alma –confirma Ciro Alegría– *había una gran pasión por la vida, un inconmensurable fervor. Había también un dolor profundísimo... Hásela motejado de viriloide y tal apreciación me parece una de las más grandes equivocaciones circulantes. Quizás se podría decir tal debido a su estatura y huesos fuertes. Pero el espíritu de Gabriela era puramente femenino. Tenía una sensibilidad finísima y reaccionaba como mujer y como madre, frente a todas las cosas. Cuanto pasaba era que*

---

[150] En cambio, con qué menosprecio se refiere al *Quijote* y a Cervantes, cf. carta N° 2 del Epistolario de Eugenio Labarca, ya citado, pp. 45-46.

[151] Rodig, Laura, art. cit., *Anales,* p. 289.

[152] Blanco Segura, Ricardo, *Gabriela Mistral,* en Cuadernos Israelíes, ya citado, p. 31.

*circunstancias adversas le impidieron cumplirse humana-
mente. Su sensibilidad estaba por eso herida.*[153]

Gabriela: Mundo de la contradicción

Otra característica de Gabriela era su espíritu paradojal
y antagónico. *Era el mundo de la contradicción* resalta
el autor de *Gabriela Mistral Intima.*[154]

Unicamente de este modo podemos comprender el
que virtualmente en los mismos días que enviaba a Ma-
gallanes la patética y emocionante carta que hemos in-
sertado, le remitiera otras dos totalmente contrapuestas,
en las que no sólo ni rastros quedan de un pasado en-
tusiasmo por Ureta, sino que le pide a Magallanes el
que la perdone *el que hoy se haga en mí un eclipse mo-
ral y tire al suelo mi fardo y diga vigorosamente que
quiero tener un paréntesis de amor y de dicha..., que
de los rosales del camino esta vez quiero cortar una rosa,
una siquiera, para seguir después la jornada aspirán-
dola y cantándola.*

He aquí que me detuve en el camino –agrega en
la primera de las cartas mencionadas– *a beber y que
mis ojos se enamoraron de la fuente más pura, bor-
deada de helechos más finos, la que daba su canción
más dulce, la que prometía más frescura a los labios
resecos. Esta fuente era ajena; pero quería dar su cris-
tal. ¿Cómo dejarla después de oír su clamor: ¡Bébeme!
y después de haberla visto tan serena y tan honda? Los
hombres que acusen y que lapiden; Dios quizás per-
done, por las heridas que daban a la viajera la fiebre*

---

[153] Alegría, Ciro, *op. cit.,* p. 14.
[154] Alegría, Ciro, *op. cit.,* p. 37.

*que la llevó a beber; por la plenitud de la fuente, que
se hacía dolorosa, porque aquella fuente quería ser aliviada de su exceso de frescura, de linfa azul.* Y a renglón seguido: *Manuel, ¿me acusa usted. Yo no lo
acusaré nunca. Abracémonos, renegando del error fatal de la vida, pero amándonos mucho, porque este dolor de ser culpables sólo puede ahogarse con mucho,
con mucho amor.*

Y pocos días después, encubriendo sus sentimientos en una imaginaria conversación con el Cristo que
siempre la acompaña con sus ojos interrogadores que
en vano buscó en otros: *Señor, Tú sabes que no hay
en mí pasta de amante entretenida, Tú sabes que el dolor me ha puesto la carne un poco muda al grito sensual; que no place a un hombre tener cerca un cuerpo
sereno en que la fiebre no prende. Para quererlo con
llama de espíritu no necesito ni su cuerpo, que puede
ser de todas, ni sus palabras cálidas que ha dicho a todas. Yo querría, Señor, que Tú me ayudaras a afirmarme en este concepto del amor que nada pide; que saca
su sustento de sí mismo, aunque sea devorándose. Yo
querría que Tú me arrancaras este celar canalla, este
canalla clamor egoísta. Y te pido hoy esto y no desalojar el huésped de la aurora que hospeda tres meses el
corazón, porque, te diré, es imposible sacarlo ya. Como
la sangre, se ha esparcido y está en cada átomo del
cuerpo y del espíritu. Del cuerpo, como energía para vivir; del espíritu, como yemas de alegría. Y esparcido así,
ni con tenazas sutiles se puede atrapar.*

Esta última carta está fechada el 25 de febrero de
1915. Hemos visto que habla en ella del *huésped de
la aurora que hospeda tres meses el corazón.* No olvidemos, tampoco, que en la reciente Navidad de 24 de
diciembre, o sea, dos meses atrás, Gabriela había escrito a Magallanes: *Su carta me dejó sin voz, sin ac-*

*ción, hasta sin pensamiento! A qué hondor ¡Dios mío!
había llegado esto!...*

La fina penetración de Augusto Iglesias le lleva a
pensar que la poetisa de Elqui, once meces menor que
el poeta serenense, *ha debido mirarlo en su juventud*
–justamente en el año de la consagración de los Juegos
Florales– *con un supersticioso cariño... Aun es posible*
–agrega– *que Manuel Magallanes influyera hasta mu-
chos años más tarde... en la temática de Gabriela, y se
nos ocurre que Amo Amor* –uno de los poemas más elo-
giados de Gabriela– *se encuentra en ese caso, por los
puntos, desvaídos pero ciertamente visibles, que guarda
con Himno al Amor de su amigo y coterráneo.*[155]

*Como la luz eres, Amor / ...Como el agua eres, Amor./
... Como la tierra eres, Amor. / ... Como el fuego eres,
Amor... Todo lo enciendes, todo lo devoras...* escribe Ma-
gallanes; y la Mistral: *No te vale olvidarlo como al mal pen-
samiento: / ¡lo tendrás que escuchar!... No te vale ponerle
gesto audaz, ceño grave: / ¡lo tendrás que hospedar!*

Y el amor todo lo enciende

Pero no nos detengamos; volvamos reposadamente las
hojas del calendario. Sigamos el acelerado y angustioso
ritmo de los acontecimientos y avancemos hasta 1916.
El 26 de enero, Gabriela envía a Magallanes una exten-
sa comunicación en la que vacia su alma toda, anegan-
do sus páginas con el recio contenido de su espíritu a
la vez firme, vacilante y contradictorio. Ya nos referire-
mos a ella. Un mes después, el 26 de febrero, en una
nueva misiva, tras reconocer que *desde algún tiempo* ha

---

[155] Iglesias, Augusto, *op. cit.,* p. 189.

salido de la órbita donde se mueven los seres equilibra-
dos, confiesa que *ya el torbellino pasó... y* pide perdón
por tantas miserias...: *¡me han hecho tanto mal en mi
vida! Agregue a eso la convicción sencillamente horri-
ble que tengo sobre mí: nadie me quiso nunca, y me iré
de la vida sin que alguien me quiera, ni por un día...*

No obstante lo anterior, añade: *A pesar de la ráfaga
de locura que me pasó por la cabeza y por el corazón, yo
le pido que confíe en mí. Mi verdad se la diré siempre. Le
contaré todos mis tormentos, mis dudas, mis vergüenzas
y mis ternuras. Hoy ya no tengo mi paz de ayer...*

Y más adelante: *Quiero que no discutamos la ma-
nera de querernos. Si el amor es lo que Ud. me asegu-
ra, todo vendrá, todo, según su deseo. Si estoy en un
error muy grande separando la carne del alma, toda
mi quimera luminosa será aplastada por la vida y que-
rré como Ud. desea que quiera...* Pero escéptica y sin
fe, implora:... *no me engañe, Manuel; no me dé una
mano reservando la otra para retener a quien sabe a
qué fugitiva. Yo no estoy jugando a querer poetas; esto
no me sirve de entretención, como un bordado o un ver-
so; esto me está llenando la vida, colmándomela, rebal-
sando al infinito.*

¡Con qué ingenua sencillez le suplica *lealtad, nada
más! Yo lo sufriré todo: el no verlo, el no oírlo, el no po-
der decirle mío porque mío no puede ser; todo menos que
juegue con este guiñapo de corazón que le he confiado
con la buena fe de los niños.*

Y al final: *¡Si yo pudiera creer un momento siquie-
ra que al menos hoy es mío, bien mío! ¡Si en este mo-
mento de ternura inmensa te tuviera a mi lado! En qué
apretado nudo te estrecharía, Manuel! Hay un cielo, un
sol y un no sé qué en el aire para rodear sólo seres feli-
ces. ¿Por qué no podemos serlo? ¿Lo seremos un día? Tu
Lucila.*

Deliberadamente dejamos a un lado cuanto toca su producción literaria, que rica y abundante brota en los fuertes trazos de Gabriela, como, asimismo, otros aspectos que el lector acucioso podrá capitalizar para su biografía y para el estudio de su obra ingente y múltiple. En beneficio de la brevedad –lo que no es tarea fácil– procuraremos seguir tan sólo en la vena profunda de sus sentimientos amorosos, que por lo demás nos entregan la verdadera clave de su existencia.

Pero el tiempo corre y la herida abierta por el suicida en el costado de la amada que dejó *su plantel nevado de azucenas,* florece en un nuevo gozo, se hace *luz en la zona de los sinos, obscura* y pese a que en su *alianza, signos de astros había, roto el pacto enorme,* Gabriela vuelve a vivir.

Vuelve a vivir intensamente, apasionadamente, a la vera del camino y de la vida de uno de los poetas más tiernos y sutiles: Manuel Magallanes Moure.

Antes de seguir adelante tracemos un esbozo del afortunado autor de *Junto al mar.*

Recordemos a Magallanes si queremos hablar de amor
(Meza Fuentes)

Manuel Magallanes, *uno de los más finos y delicados líricos cuyos versos diáfanos y tristes cantaron dulcemente la vida y el amor,*[156] nace en La Serena el 8 de noviembre de 1878.

El menor de los hijos de don Valentín Magallanes, prestigioso abogado y poeta, y de doña Elena Moure,

---

[156] Lillo, Samuel A., *Literatura chilena,* séptima edición, Edit. Nascimento, Santiago de Chile, 1952, p. 101.

recibe en la pila bautismal el nombre de Manuel Severo, y hasta los siete años vive en la casa solariega de sus mayores, en la calle O'Higgins.[157]

Aún no cumplidos los cuatro años, fallece su padre, y al llegar a los diecinueve, su bondadosa madre. Con sus hermanos Carlota y Valentín se traslada a Santiago, e ingresa a las aulas del Instituto Nacional. Tras abandonar al poco tiempo sus estudios, se incorpora a la Escuela de Bellas Artes.

De 1896 en adelante colabora en la *Revista Cómica*, en *Pluma y Lápiz*, en *Instantáneas* y en el diario *La Libertad Electoral*, siempre bajo el seudónimo de *Severo*, y a menudo con graciosas ilustraciones que descubren al futuro dibujante y pintor con la *pupila golosa de colores*, como con acierto lo señala Alone.[158]

Sus primeros versos los dedica a su prima, Amalia Vila Magallanes, la que pese a ser diez años mayor que el poeta, despierta en el mancebo un amor encendido y romántico.

Amalia Vila no era quizás ni muy hermosa ni muy joven, pero su rostro ovalado y ligeramente moreno era simpático, vivaz y acogedor. Desde niño la adoró, y según Santiván, *la continuó adorando a lo largo de su adolescencia y de sus años mozos. Acaso fuera éste el niño que enloqueció de amor, tan hermosamente interpretado por Eduardo Barrios.*[159]

---

[157] Al pie de una postal, que reproduce la mencionada calle y en la que destaca por su sobria y elegante arquitectura la casa de dos pisos de la familia Magallanes, se observa la siguiente leyenda, de puño y letra de Manuel Magallanes: *Esta es la casa en que viví hasta los siete años*, Fdo. *Manuel.*

[158] Alone, *Historia personal de la literatura chilena*, p. 283.

[159] Santiván, Fernando, *Memorias de un Tolstoyano*, Zig-Zag, Stgo. de Chile, 1963, p. 136.

Los años siguen su curso. Y en 1902 aparece *Facetas,* su primer libro de poemas.

El 12 de septiembre de 1903 contrae matrimonio con su adorada prima, y establece en San Bernardo su hogar *blando, tibio y señorial.* Así lo describe Fernando Santiván: *Poseía el llano encanto y la distinción indefinible que fue patrimonio de las familias provincianas de fortuna y abolengo. El gusto artístico del dueño de casa, junto con la arraigada tradición del resto de su familia, supieron prescindir de recientes modas importadas y conservar la sencillez de las antiguas costumbres... Por las soleadas galerías, palpitantes de trinos, se divisaba el jardín recargado de plantas olorosas, mientras que por los caminillos enarenados se desperezaba un viejo mastín...*[160]

Asentado su hogar, en los años venideros Magallanes conjuga su vida en razón de las Letras –poesía, periodismo, crítica, teatro–; de las Artes –dibujo y pintura–; y de la política, campo en el que alcanza el cargo de regidor y alcalde del pueblo de San Bernardo.

A *Facetas* siguen *Matices,* que prologa Isaías Gamboa; *La Jornada,* poesías; *El pecado bendito,* comedia; *La batalla, Lluvia de primavera,* teatro; *Qué es amor,* cuentos; *La casa junto al mar; Florilegio* y *Sus mejores poemas,* seleccionados por Pedro Prado.

De noviembre de 1921 a octubre de 1922, recorre Francia, España, Italia y Alemania.

El 19 de enero de 1924, su corazón gastado por el amor y la ternura cesa de latir.

Tal es, a grandes rasgos, la maravillosa trayectoria de este poeta con alma de niño, que cree que *la vida es un cuento,* que cree que *vivir es soñar.* Su poesía, manifiesta Solar Correa, *envuelta en un velo de ideali-*

---

[160] Santiván, Fernando, *op. cit.,* pp. 134-135.

dad, se desliza mansa, callada, melancólica. Canta el amor con una gracia y una ternura no igualadas.[161]

Para Gabriela, *era un buen árbol nuestro, Magallanes, lleno de sentidos como de hojas, para escuchar el mundo, y sin embargo, tranquilo.*[162] Para Alone, *toda la poesía de Magallanes lleva hacia un remanso límpido de quietud. Jamás una nota forzada, un toque de efecto; natural, sencillo, claro, moderado, fácil, sin descuidos, no subirá a las cumbres, pero rara vez baja.*[163]

En cuanto a su físico, lo dibuja con pinceladas maestras, Fernando Santiván: *A pesar de su juventud, la renegrida barba y el invariable traje negro le daban aire majestuoso y patriarcal; pero, bien pronto, la corbata flotante y el flexible chambergo bastaban para insinuar un imperceptible santo y seña de despreocupación y de camaradería. Emanaban de su persona elasticidad y fuerza, atemperadas por un vaho de somnolencia felina que lo envolvía en sobria distinción y elegancia. Y, fuera de eso, asomaba el rostro pálido, ligeramente dorado por el sol, entre la fina enredadera sombría de la barba moruna, la sonrisa acogedora de los rientes ojos castaños.*[164]

Pocas veces –agrega Santiván– *hemos encontrado en la vida persona que reuniera, como Magallanes, tanta armonía entre su obra artística y la severa gracia de su estampa.*[165]

---

[161] Solar Correa, Eduardo, *Poetas de Hispanoamérica. 1810-1926*, Imp. Cervantes, Santiago de Chile, 1926, p. 205.
[162] Mistral, Gabriela, *Recados: Gente Chilena: Manuel Magallanes Moure*, edición citada, p. 31.
[163] Alone, *Historia Personal de la Literatura Chilena*, segunda edición, Santiago de Chile, 1962, Zig-Zag, p. 283.
[164] Santiván, Fernando, *op. cit.*, p. 135.
[165] Idem.

Un grande amor es una cumbre ardida de sol

Trazadas a grandes rasgos la vida y la obra de Manuel Magallanes, retomemos el hilo de la correspondencia de Gabriela.

Estamos en 1916. *No tienes derecho a llorar lejos de mi pecho,* escribe a su nuevo amado. *Guárdamelo todo –amargores y amor– porque todo cabrá en mí y porque no quiero que nada tuyo se pierda en otras manos, ni siquiera la sal de tus lágrimas. Sed tengo de ti y es una sed larga e intensa para la que has de guardarte intacto. Guárdame los ojos hinchados de lágrimas; sólo sobre mi cara han de aliviar de ellas. Dolorido, te amo más. Me acrece la ternura hasta lo infinito al saberte dolorido. Tus cartas dolorosas no hacen en mí lo que tus cartas sufrientes...* Y al cierre: *No me despido. Vas a pasar conmigo la noche.*

Las cartas se entrecruzan, se mezclan, se ensamblan, se ensamblan palpitantes y dolorosas. La ausencia de fechas hace imposible su disposición cronológica. Pero desordenadamente y a saltos, los sentimientos surgen nítidos, enrojecidos como una llaga, o bien suaves como lirios y azucenas.

El pensamiento se me va, se me va por malos caminos siempre, le dice en una. Y en otra: *Yo no le pido nada. Dios sabe que nunca fui para ningún hombre buena como para Ud. Nada he hecho. ¿Por qué Ud. calla hace ya tanto tiempo...? Aparte de esa Lucila que lo ha querido a Ud. apasionadamente, hay otra Lucila que es capaz de interesarse por Ud., por su vida, por su dicha, sin que Ud. sea para ella otra cosa que un hombre inteligente y bueno.* Y casi a renglón seguido: *Tengo una gran dulzura en el alma. Me parece que Ud. es también otro muerto que no quiso darme un poco de dicha. Me parece que estoy sola en un páramo. Y no me desespero. Estoy serena y bañada de bondad y de perdón el alma.*

Su tono cambia según el día o la noche, y su estado de ánimo varía, minuto a minuto: *Manuel amado... Me ha hecho bien una larga conversación con las estrellas. Me han serenado. ¿Tú las quieres por inquietas y por suaves de mirar?... El pesimismo me ha sitiado en todo sentido... Estoy tomando mate con los pies sobre las brasas... Deseo tener junto a mí un niño rubio y rosado que fuera mío... ¿Habrá pasta de amante en esta abuelita que toma mate y cuenta cuentos y da lecciones de escepticismo junto a las brasas? ¿Y que un poeta la crea otra cosa y le escriba cartas de amor? (Hay que pegarle a ese poeta. Ya sabes como te pego yo...) Tu Lucila.*

En una de tantas: *Todo en ti lo respeto y de ti espero toda la franqueza... Cuando en tu vida –y esto pasará tarde o temprano– se resuelvan conflictos que no pueden ser eternos, yo debo ser eliminada en absoluto. Tú me lo dirás, sin temor de hacerme daño. No soy una niña; aunque parezco loca, comprendo y respeto ciertas cosas sagradas. Tú me lo dirás. Prométemelo así. En los labios, dulce, larga, absolutamente. Tu Lucila.*

El año 1916 ó 1917, en que Lucila ha alcanzado su pleno desarrollo físico, espiritual y afectivo, con sus 27 ó 28 años de edad, finaliza con tres cartas que exhiben las llagas más íntimas y lacerantes de su alma atormentada. Hay en ellas frases y pensamientos que trituran y atenazan el espíritu más fuerte. La timidez y la audacia se balancean en sus líneas. La humildad y la pasión queman. La fe y la desesperanza se equilibran o se destruyen. Es preciso glosarlas minuciosamente, pues cada párrafo de ellas es un trozo de su espíritu y de su genio no igualados. Silenciarlas sería cercenar lo mejor y lo más hondo de su sensibilidad y de su pensamiento.

Tengo mucho que decirte, Manuel, mucho. Pero son cosas que se secan al pasar a la palabra.

222

Me dices ingenuamente: "Dame la dicha, dámela; tú puedes dármela". Y conmovida hasta la tortura, yo miro en mí y veo con una claridad perfecta que yo no podré dártela, Manuel. Amor, mucho amor; ternura, ternura inmensa como nadie, nadie, la recibió de mí; pero ni ese amor ni esa ternura te darán felicidad, porque tú no podrás quererme. ¡Si lo sabré, si lo habré comprendido bien!... Tú no serás capaz de querer a una mujer fea... Y sobre tan ingrato tema se explaya extensamente.

Se creía fea. Siempre padeció ese "complejo", sostiene Alone.[166] *Y no obstante, no lo era. Sencilla, sin gracia ni coquetería. Sí. Su frente amplia, sus pupilas claras, su boca dolorosa y sensual... su cabello liso, su porte recio, sus ademanes fríos.* Así la describe Armando Donoso, en la época que nos interesa. *Una mujer que no hace pensar en la liviana gracia de la mujer y que, sin embargo, siente a la madre y al amante.*[167]

Del cabello al pie todo en ella es sencillo y austero, afirma González Vera. *Tiene grandes ojos verdes, muy límpidos; nariz aguileña, boca que se deprime en las comisuras y color blanco cobrizo. Al hablar mueve sus albas manos, de largos y bien formados dedos.*[168]

Pero continuemos espigando en la torturante correspondencia.

No hay remedio, agrega. *Los dos lo queremos* –el encuentro–, *los dos lo llamamos con desesperación. Yo lo querría mañana mismo. Porque te quiero más cada día... Esto crece y me da miedo ver cómo me estás llenando la vida. Todo me lo has barrido; los menudos cariños por las niñas, hasta por las gentes que viven conmigo, se apagan.*

---

[166] Alone, *Gabriela Mistral,* edición ya cit., p. V.
[167] Donoso, Armando, *La otra América, op. cit.,* pp. 40-41.
[168] González Vera, José Santos, *Algunos,* edición ya citada, p. 132.

No tengo tibieza de brazos, palabras afectuosas y actitud de amor sino para ti... Sí. Te siento niño en muchas cosas y eso me acrece más la ternura. Mi niño –su sentido maternal aflora en lucha con la pasión de la amante–. *Mi niño, así te he dicho hoy todo el día y me ha sabido a más amor la palabra que otras. Esta ternura mía es cosa bien extraña. No fue nunca así para nadie. El amor es otra cosa que esta ternura. El amor es más pasional y lo exaltan imaginaciones sensuales. Me exaltan a mí sobre todo tus palabras doloridas y tiernas "desviadas un poco del ardor carnal"... ¡Niño mío!, yo no sé si mis manos han olvidado o no han sabido nunca acariciar. Yo no sé si todo lo que te tengo aquí adentro se hará signo material cuando esté contigo, si te besaré hasta fatigarme la boca, como lo deseo, si te miraré hasta morirme de amor, como te miro en la imaginación. No sé si ese miedo del ridículo que mata en mí muchas acciones bellas y que me apaga muchas palabras de cariño que tú no ves escritas, me dejará quietas las manos y la boca y gris la mirada ese día... Tuya, tuya, completa, inmensamente.*

La carta que hemos glosado, febril, martirizante, deja acíbar en los labios de Gabriela y un gran vacío en su corazón. Y de inmediato le despacha otra:

Manuel amado... Por ahorrarte una lágrima andaría un camino de rodillas! De rodillas: esa es mi actitud de humildad para ti, y de amor. Y nunca yo he sido una humilde... Mira, he tomado mi café... y he cerrado los ojos para verte, y he exaltado mi amor hasta la embriaguez. Y hubiera querido prolongar el gozo muchas horas. Te adoro, Manuel. Todo mi vivir se concentra en este pensamiento y en este deseo: el beso que puedo darte y recibir de ti. ¡Y quizás –seguramente– ni pueda dártelo ni pueda recibirlo...! En este momento siento tu cariño con una intensidad tan grande que me siento incapaz del sacrificio de tenerte a mi lado y no besarte... Estoy muriéndome de amor frente a un hombre que no puede acariciarme... Mira: te represento aquí, junto a mí. Para esquivar la emoción no te miro... Yo comprendo y se me hielan las manos y el alma y me exprimen el corazón con fierros, como una pulpa inerte. Ahora, tú te has ido. Y yo me he quedado sola, pero de una soledad que no es mi soledad de antes. Me rebelo contra todo, hasta contra Dios. Ya en días pasados sentí esa rebelión. Pensaba. Este diario batallar con niños, este cotidiano sembrar amorosamente en alma de niños que no son mis hijos, ¿no merece que esto que ha venido a mí se haga dicha? ¿No ha de ser ésta la moneda de diamante en que Dios me pague lo que vale una vida entera agotada en seres extraños? Y yo misma me contestaba: Fuiste a buscarme por sendas que los hombres han vedado, y lo que para todos es alegría, y hasta orgullo, para ti ha de ser siempre, siempre, amargor y pecado... Yo me he vuelto aquí, y la paz ya no será más conmigo... No, Manuel, no voy... Es preferible que siga soñando con que tú me beses amorosamente. He estado loca cuando te he prometido ir y cuando he pensado que podía ser esa la hora en que la dicha me hiciera llorar entre tus brazos. Te amo mucho, mucho. Acuéstate sobre mi corazón. Nunca otra fue más tuya ni deseó más hacerte dichoso. Tu L.

La sombra del otro

No conocemos la respuesta de Magallanes a esta sublime y dolorosa amalgama de pasión y timidez; de audacia y de encogimiento; de viento que hincha el velamen y de freno que lo contiene. Pero puede adivinarse por una nueva de Gabriela, en la que la sombra del "otro" ronda sus pasos temerosos y vacilantes; la sombra del "muerto" que tenía *el corazón entero a flor de pecho, que era suave de índole, franco como la luz del día, henchido de milagro como la primavera.*

Esta carta tuya fría no puede ser respuesta –gime Gabriela– *de aquella mía que pudo ser angustiada, pero que era, tal vez, la que con más intenso cariño escribí para ti... ¡No era posible! Vi tu trato para mí... No quise leer más. Primero esa angustia que ya tú conoces en mí; después esta calma... esta tranquilidad en que queda una conciencia que no ha obrado mal, esta resignación del que no es del todo malo, cuando ha visto que lo arrojan franca, abierta, claramente. Porque ésta es la verdad. Tú me has arrojado de tu lado sin un motivo, como el otro. ¡Gracias, Manuel, por este castigo, por esta humillación amarga que por tu mano tan amada me dan otras manos!...*

Y es que Gabriela, con una conciencia clara, cree en su corazón *que en la siembra por el surco sin fin fue acrecentado.* Gabriela cree en su corazón, *siempre vertido, pero nunca vaciado.* (Credo.)

He sido tan ingenua contigo, continúa. *No siendo un ser dulce ni un ser alto, me hice dulzura y saqué de mí lo mejor que tenía para dártelo! Pero has obrado bien... Yo te lo digo por la última vez, y con más energías que nunca, no soy digna de atar las correas de tu calzado. Soy una pobre mujer. Quería con toda mi alma hacerte feliz, labrarte una humilde alegría con mis caricias. No lo habría conseguido nunca!...*

Gracias por no haber puesto en tu carta una humedad de lágrimas, ni siquiera un estremecimiento de piedad. Gracias por haberte alejado como el otro dejando pleno el estanque que para ti llené.

Al posar los ojos sobre estas líneas temblorosas de emoción, cabe recordar los delicados versos de Gabriela:

Soy cual el surtidor abandonado / que muerto sigue oyendo su rumor... (El surtidor.)

Y Gabriela, una vez más, antes de cerrar su doliente y acongojada carta, en un apartado, escribe: *Anoche, en sueños... el otro habló conmigo. Y me dijo, entre otras cosas, que él fue menos cruel para mí. Y es la verdad. La última vez que estreché su mano hubo en ella presiones* [amorosas] *para la mía y algún temblor en la voz. En tu despedida, nada... Te beso, mientras duermes, en las sienes... y te digo adiós sin rencor. Tu L.*

Pero todo es en vano; la pasión crece, se multiplica y se agiganta. Y el amor que *rasga vasos de flor,* se impone terminante y decisivo:

> *No te vale el decirle que albergarlo rehúsas:*
> *¡lo tendrás que hospedar!*

Este no es amor sano.
Es ya desequilibrio y vértigo

El no recibir cartas de él la hace sangrar. *Ha sido esta una verdadera Semana de Pasión (de Calvario) mía.* Y cuando llega la anhelada correspondencia su emoción es tan grande, *que no podía abrir la faja...* de la encomienda. Lo lleva a cabo *con una torpeza de manos paralíticas.* Y al caer la carta en sus *faldas,* la toma y la empieza *a leer en un estado indescriptible... Las manos se le sacudían como las de un epiléptico. No podía ni tener el papel ni leer, porque los ojos no veían...* A tanto llegó su emoción, que Gabriela confiesa: *Tuve que serenarme y guardar la carta unos momentos. Después respiré hondamente como el que ha estado a punto de ahogarse, y me tiré sobre un sillón, como otra vez, exhausta por la emoción que casi me mata. ¡Qué dicha tan grande después de un martirio de tanto día! Este no es amor sano, Manuel, es ya cosa de desequilibrio, de vér-*

227

tigo. Y con qué gracia, prosigue: *¡Y en mi cara beatífica, y en mi serenidad de abadesa! ¡Qué decires de amor los tuyos! Tienen que dejar así, agotada, agonizante. Tu dulzura es temible: dobla, arrolla, torna el alma como un harapo fláccido y hace de ella lo que la fuerza, la voluntad de dominar no conseguirían. Manuel, ¡qué tirano tan dulce eres tú! Manuel, ¡cómo te pertenezco de toda pertenencia, cómo me dominas de toda dominación! ¿Qué más quieres que te dé, Manuel, qué más? Si no he reservado nada, qué me pides.*

Gabriela no se detiene, en su carta alcanza hasta los últimos extremos, y los enfrenta con incomparable entereza.

Verdad es, Manuel, que tengo de la unión física de los seres, imágenes brutales en la mente que me la hacen aborrecible... Pero *te creo capaz de borrarme del espíritu este concepto brutal, porque tú tienes, Manuel, un poder maravilloso para exaltar la belleza allí donde es pobre; crearla donde no existe. A través de tu habla apasionada y magnífica, todas las zonas del amor me parecen fragantes e iluminadas. Tu esfuerzo es capaz, creo, de matarme las imágenes innobles que me hacen el amor sensual cosa canalla y salvaje. Tú* –agrega trémula y sumisa– *puedes hacerlo todo en mí, tú que has traído a mis aguas plácidas y heladas, un ardiente bullir, una inquietud enorme y casi angustiosa a fuerza de ser intensa. Gracias por tu promesa de eliminar toda violencia, todo apresuramiento odioso en el curso de este amor. Gracias! Bueno, dócil, generoso, te quiero mucho más aún. Buena seré para ti, generosa y dócil, tanto o más que tú. Te lo digo de nuevo, el saberme tuya me da una felicidad que no sé describirte; el oírme nombrar por ti como tu criatura, tu humilde y ruin pertenencia, me llena los ojos de llanto gozoso. ¡Tuya del más hondo y perfecto modo, Manuel; tuya como nunca fui de nadie; tuya, tuya...* clama con grito salvaje y primitivo. *Lo repito para prolongar el gozo en mí. Perdóname este egoísmo.*

Ambientada desde niña en el áspero lenguaje de la Biblia, no disfraza el pensamiento ni mitiga las palabras, ni debilita ni adelgaza los conceptos. Habla con el corazón, con los músculos, con la piel y con la sangre.

Una vez más, escuchémosla:

Dices tú: "Esta plenitud de vigor (de amor) casi me es dolorosa. ¿Dejarás tú que mi linfa se la beba la tierra y no querrás beberla?" No, Manuel. Una loca sería. 1° Si el amor se te hace doloroso, yo no amaría bien si prolongara tu dolor sacrificándote a mi concepto absurdo de la unión de los seres. 2° Si tú me aseguras que esa unión agrega algo a la seguridad del amor, aprieta más la trabazón espiritual, si me convences, sobre todo, de que el hastío no sigue inmediatamente al abrazo estrecho, si me convences de que "tú no serás mío en absoluto, sino cuando ese abrazo se haya consumado", entonces, Manuel, yo no podré negar la parte mía necesaria a ese que tú crees afianzamiento, más que otra cosa, "no podré tolerar que haya una porción de emoción en ti que me haya quedado ajena por esta negación mía a darme del todo". Porque yo quiero beber tu linfa toda, sin que en un hueco egoísta me reserves una parte de frescor y de exaltación. Te adoro, amado mío, y me vence este raciocinio: si la zona de amor que en mí no halla va a buscarla en otra parte, ¿no habría torpeza y maldad en mí al negársela? Me vence ese raciocinio. Siénteme tuya, no dudes, no me arrebates nada, todo lo tuyo, me digo, es justo que me sepa a encantamiento y a dicha. Manuel, te amo inmensamente... ¡Te tengo un poco de vergüenza! Pero sé que deseo estar sola contigo para acariciarte mucho. Sé que querré tenerte entre mis brazos como un niño, que querré que me hables así, como un niño a la madre, desde la tibieza de mi regazo, y que cuando te bese perderé la noción del tiempo y el beso se hará eterno. Sé que me desvanecerá el goce intenso: sé que la embriaguez más intensa que me haya recorrido las venas la sacaré de tu boca amada. Sé que beberé un sorbo de dicha que me hará olvidar todos los acíbares que vengo bebiendo hace tantos años. Sé que seré capaz en mi exaltación de hacerme una prolongación de ti; de tu fervor, de tu alma suave, de tu carne misma. Manuel, yo espero la dicha de ti. Yo espero vivir contigo un momento supremo que pueda yo revivir en el recuerdo por cien años más de mi vida, sacando de esa visión divinización, dicha para todo el resto de camino. Manuel, no puedo amarte más. ¿No lo comprendes así? ¿Pides más aún? En los labios mucho tiempo. Tu L.

Hemos glosado esta carta vibrante y temblorosa, en sus párrafos esenciales, pues ella representa a nuestro juicio el aniquilamiento de la voluntad y del pensamiento de Gabriela, en aras de un amor que alcanza el clímax psíquico y afectivo en su grado más alto. ¿Qué vino después?

Decenas de cartas desaparecidas o calcinadas por piadosas manos mantienen abiertos el interrogante y el misterio. Tarea delicada en extremo sería ahondar más allá, en el alma de una mujer. Hay zonas del espíritu que jamás deben ser traspasadas.

El silencio de Punta Arenas: 1918-1920

En 1918 Gabriela Mistral se aleja de Los Andes, donde permaneció más de seis años –los más copiosos y penetrantes de su vida– y viaja a Punta Arenas con los cargos de profesora de Castellano y Directora del Liceo de Niñas, otorgados por su fiel amigo don Pedro Aguirre Cerda, más tarde Presidente de la República. Allí, en esa

230

hermosa y apartada región, en la que ella, habituada al sol, sintió cómo el hielo calaba sus huesos y el viento azotaba su casa con *su ronda de sollozos,*[169] reside hasta 1921, año en que es trasladada con igual cargo al Liceo de Temuco.

Es la época en la que el poeta de la barba *de ébano,* de voz tan suave como su alma, ávida de ideal y de cumbres, consume su rica vida interior en el sosegado alejamiento de San Bernardo, su pueblo. Volcado su espíritu en su reino íntimo, eleva con honda melancolía y con inefable dulzura su serena y romántica poesía hacia la naturaleza y el amor. En esos años aparecen, sucesivamente, sus mejores obras: *La casa junto al mar* en 1918, y *Florilegio* en 1921.

¿Quién no recuerda los versos del enamorado del mar, que como las caracolas guardan en lo más hondo su indefinible resonancia?

> *Tus ojos y mis ojos se contemplan*
> *en la quietud crepuscular.*
> *Nos bebemos el alma lentamente*
> *y se nos duerme el desear.*
>
> *Como dos niños que jamás supieron*
> *de los ardores del amor,*
> *en la paz de la tarde nos miramos*
> *con novedad de corazón.*
>
> ....
>
> *Me sabes tuyo, te recuerdo mía...*
>
> *Son del color del agua tus pupilas:*
> *del color del agua del mar.*

---

[169] Mistral, Gabriela, *Paisajes de la Patagonia. I. Desolación.*

*Desnuda, en ellas se sumerge mi alma,
con sed de amor y eternidad.*

¿Rememoran acaso estos versos los ojos claros, verdes de mar, que todos alaban en la joven Lucila?

No lo sabemos, pero es el caso que la impetuosa correspondencia entre la apasionada Gabriela y el apacible Magallanes se interrumpe bruscamente por un largo período de dos años. Mientras Gabriela ve *morir en la llanura blanca, de horizonte infinito, inmensos ocasos dolorosos,*[170] Magallanes da a la publicidad lo mejor de su espíritu, sumergido en el silencio quieto de su vida aldeana, embellecida en la *soledad sonora* de San Juan de la Cruz.

Muchos de sus versos –se afirma en el Boletín del Instituto de Literatura Chilena– *se han debido a la inspiración que dejaron en su alma algunas de sus amadas.*[171] Cabe mencionar a este último respecto que no es ajeno a esa época el intenso romance de Magallanes con la inspirada escritora S.H., de cautivadora espiritualidad y belleza.

En todo caso, en noviembre de 1920, Magallanes rompe el prolongado silencio y en súbita e impulsiva comunicación se dirige a Gabriela Mistral. Esta, con fecha 19 del mismo mes, le contesta larga y reposadamente. Le expresa que ha leído dos veces su carta y *he pensado como antes que me habla un hombre en un momento de fiebre.* Enseguida, con sobria firmeza, le enrostra sus veleidades:

Después de su ternura para mí, la segunda sorpresa es ésta: su vida triste. Yo he sabido de Ud. siempre, y lo he sabido dichoso de amor, embriagado siempre, por retoñar de pasiones viejas, de esas que están ya trenza-

---

[170] Mistral, Gabriela, *Paisajes de la Patagonia. I. Desolación.*
[171] *Boletín...* Nº 2, Stgo., mayo de 1962, p. 17.

das con sus huesos, o por amoríos de cada primavera... Las primeras noticias me fueron como una quemadura; las siguientes las justifiqué con un ligero escozor de mujer olvidada; las que vinieron después no movieron en mí una sola fibra...

Ahora leo la pintura de su vida, y no me convence... No creo que sea el burlador de mujeres, sino el conmovido de cada hora. Así como existe el hombre al cual cada paisaje de la Tierra le inspira una forma de emoción o de amor, ha de haber en Ud. un paisajista de las almas, que va pasando sobre ellas amándolas a todas, gozando con cada una, eternamente entregado y eternamente libre... Ud. no ha podido ser desgraciado, porque ser desgraciado es únicamente esto: o no hallar a quién entregar el alma o haberla entregado absolutamente y no poder recuperarla. Estas dos cosas no existen en Ud.

Es que para Gabriela la vida no se mide por la vana mutación de cada día, sino por la hondura de la huella que deja tras de sí; por la perseverancia de la voluntad; por la firmeza y continuidad de nuestro ser espiritual.

Me pregunta por mi vida, leemos en otro párrafo de la carta de Gabriela. *Siento en mí un alma nueva,* contesta. *Veo con una claridad brutal a los seres, y no los odio; se me han hecho transparentes los procesos de ciertas deslealtades, el manantial de ciertas cosas monstruosas, que yo llamé antes así, y que son naturales y simples. Es una maravilla que gozo día a día.*

Y en la despedida ni una brizna de rencor o de amargura. Le ofrece hablar con él *como una hermana vieja, no como una madre, que eso fuera demasiado ternura, de un amor, como de un muerto adorable que se ha hecho polvo, pero cuya fragancia se aspira todavía en el viento que pasa, en la primera flor de la primavera.*

La reconciliación renace. Temuco

Pese a todo, la honda cicatriz se cierra. La reconciliación renace, presta, dulcemente, a los cuarenta días de su carta anterior, en las postrimerías del año 20.

No es posible verte en otro pueblo en la forma que dices, le escribe el 28 de diciembre. *Creo que no te hará mal un viaje a este pueblo: tiene una montaña maravillosa, que jamás miro, por la cual no ando, sin recordarte a cada paso por el césped.*

Cerrada ya su epístola, agrega: *Hoy 29 me llega otra carta tuya. La extraño un poco: es tranquila, no tiene ansiedad. ¿Será que desde que te llamé te va naciendo indiferencia? Pero no es fría... es apacible. Me ha acariciado, pero de otro modo.*

Ya hemos visto cómo en Temuco, nuevamente, el amor florece en el alma ingenua de Gabriela. Pero ya no es el encendido amor de los años catorce y siguientes. Quizás su permanencia en Punta Arenas, donde la *nieve* era *el semblante que* asomaba *a sus cristales,* congeló las fibras de su corazón.

Corren los primeros meses de 1921. Gabriela está en Temuco. Desde allí escribe periódicamente a Magallanes. Aunque conservamos de esa época a lo menos diez cartas, sólo nos detendremos en una, fechada el 4 de enero, en la que un halo de abatimiento y de congoja quiebra la transparencia de su espíritu candoroso y franco.

Te agradezco tu recuerdo de la noche de año nuevo. Yo te recordé también, con tristeza, con la tristeza con que se piensa en todo ser que se quiere. Yo no siento la alegría que eso debería ser natural al recordar a los míos, y es que no los siento míos, Manuel.

Y con qué hondo acento a continuación exclama: *Soy la mujer en que el sentido de la posesión, así de los objetos como de las vidas, no existe. Es una de las cosas que me ha dado esta desolación espiritual. Nunca, nunca sentir mío nada, ni siquiera una planta... Piensa un poco en esto, imagina lo que sentirías tú en este caso y te bañará el corazón la tristeza.*

Pero, símbolo de la abnegación y del desprendimiento, no piensa en ella sino en el ser que ama, y con exquisita ternura le abre su corazón: *Lo que me alegra es que vayas mejor de cuerpo y alma. Yo sé que, aunque no consigas quererme, algún bien espiritual te haré cuando hable contigo, porque con todo tengo menos cansancio que tú, un poco de salud física y una riqueza emocional que da, en momentos, el engaño de la dicha y de la juventud.*

Le habla enseguida de su viaje a Concepción, donde *el pinar al viento / vasto y negro ondula, / y mece su pena / con canción de cuna. (Pinares.)*

Quiero los pinares de aquella ciudad, le dice suavemente, *como a una cosa maternal. Me alivia su sombra infinitamente. No hay árbol más humano, más noblemente sereno y que dé la ilusión de pensamiento como éste. Sería dichoso de conocerte bajo uno de ellos, de oírte tendida sobre sus agujitas secas y suaves.*

Cómo no repetir al leer estas líneas aquellos reposantes versos suyos: *Pinos calmos, graves / como un pensamiento, / dormidme la pena, / dormidme el recuerdo.*

¡Ah –continúa con sosegada añoranza– *si fuera cierto que eres capaz de quererme con paz! La gratitud me henchiría el corazón, al sentir el "esfuerzo, la voluntad de mudarte por mí". Hazlo, hazlo, hazlo, Manuel; hazme dichosa así...*

Mis días son mejores que antes, Manuel: una insinuación de dicha, como un perfume diluido, apenas perceptible, de felicidad. Piensa esto y entiéndolo.

Su frase final: *Te miro largamente y te perdono, voy perdonándote mientras te miro. L.*

En la capital

El 14 de mayo de 1921 se funda el Liceo de Niñas Nº 6 de Santiago. Gabriela Mistral es nombrada su primera Directora. Tres semanas antes ha enviado a Magallanes una extensa comunicación en la que afloran como siempre su abatimiento y desamparo.

Le recuerda que sus presentimientos *eran verdad. Que requerido por ella, le ha contestado que no la quería, en el sentido hondo de la palabra... Tengo algún orgullo y no acepto la lástima. Que se me deje sola con mi pena; soy capaz de cualquier dolor; pero me ofende la lástima, porque es un desconocimiento de la fuerza de mi alma.*

En esta carta que exhala franqueza en todas sus letras, se reconoce *la más desconcertante y triste... anegada de dulzura y dureza de ternura y de grosería.* Le habla de *sus intemperancias de carácter, de su herencia fatal.* Le asegura que *el amor es el que suelta las trabas hipócritas y por él yo dejé mi actitud de persona decente, de mujer más o menos honorable.* Y con firmeza lo conmina: *No me enrostre nunca esta desnudez.*

Y con cuánta dulzura, que contrasta con la aspereza de los anteriores conceptos, pese a todo le contempla deslumbrada: *El espectáculo de su alma me parece maravilloso, como la línea de las colinas que miro desde mi casa. Siéndole tan opuesta, lo admiro infinitamente. Pero no puedo ser eso: es una fatalidad que me han creado tres o más generaciones de gentes violentas.*

El tono de su nueva misiva, fechada el 4 de junio, es más apacible. Le habla de su niñez y de la naturale-

236

za. Pareciera querer borrar el amargor de la preceden-
te. Recuerda su infancia con deleite: *Yo me crié en Monte
Grande, el penúltimo pueblo del valle de Elqui. Una mon-
taña al frente; otra a la espalda y el valle estrechísimo y
prodigioso entre ellas; el río, treinta casitas, y viñas, vi-
ñas. De 3 a 11 años, viví en M. G., y ese tiempo y el de
maestra rural en La Cantera me hicieron el alma.*

A continuación se refiere al mar y a la montaña: *El
mar me gusta mucho menos que la montaña. No tiene
el silencio dentro del cual una pone todo. Además, su
inquietud casi me irrita.*

*La montaña me lo da todo. Me eleva el alma inmen-
samente, me aplaca y se me vivifica. En c/quiebra con
sombra pongo genio de la tierra, poderes, prodigios. El
azul festivo del mar no me gusta; todos los colores de ella
me gustan.*

Esbozo de paralelo: Neruda y Gabriela

El arrebatado entusiasmo por la cordillera de nuestra
poetisa nos trae el recuerdo del magistral paralelo que
Alone traza de Neruda y Gabriela, relativo a la pasión
por el mar del primero y del vehemente fervor por la
cordillera de la Mistral.

Escribe Alone: *Neruda pertenece enteramente al
mar, a la superficie infinitamente móvil, al continuo es-
pejeo, a la espuma, a la ola, a lo que se hace y se desha-
ce, a lo que deviene, se insinúa y jamás concluye... al
misterioso mar poblado de seres y de cosas inasibles como
peces.*

*Gabriela Mistral, en cambio, está cortada en face-
tas terminantes y construida de ángulos pétreos; sus es-
trofas marchan y suben a golpes duros... Su cansancio
no se curva lánguidamente, sino que tiene el jadeo de*

la subida por una cuesta empinada y su reposo se asienta en la cumbre pura, en el aire translúcido.

Esta dureza externa –agrega Alone– *corresponde a la profunda contextura moral de su poesía. Se diría que el bien y el mal no existen para Neruda, todo disuelto en su contemplación sensual. La poesía de Gabriela, por el contrario, entraña una virtud tónica, una nobleza reconfortante, una limpieza primitiva que a todos los ojos permite mirar no sólo con admiración sino con respeto.*[172]

Pareciera que una fuerza cósmica hubiese resuelto reunir en nuestros dos Premios Nobel la integridad física y geográfica de Chile: cordillera y mar; altura y lejanía; quietud y movimiento. Gabriela encuentra su cuna en el Norte, y el sol quema y alimenta sus venas. Neruda nace en Parral, y su infancia transcurre en el Sur, donde *las grandes lluvias eternas son la música en el techo,* en su casa de niño.[173]

Gabriela y Neruda *marchan,* según Osses, *como ganglios promotores a ambos lados de la columna vertebral de nuestra idiosincrasia y su conocimiento es indispensable para encender la presencia de Chile. Para el autor de Trinidad poética...,* Gabriela y Neruda *se duelen de la muerte y llegan a Dios por la vía erótica. El Dios de Gabriela es personal y providente y fuerte. Para Neruda, en cambio, Dios es la vena rota del tiempo: Neruda es más la rebelión y la angustia; Gabriela serenidad. Neruda es más móvil y sensitivo; Gabriela más fría y hierática. Neruda más problema, y Gabriela más respuesta. Gabriela nos preside la Cordillera; Neruda el Océano.*[174]

---

[172] Alone, *op. cit.,* pp. 81-83.
[173] Neruda, Pablo, *Obras Completas,* t. I, p. 38.
[174] Neruda, Pablo, *op. cit.,* p. 47.

Retorno al epistolario

Pero no divaguemos. Retornemos al epistolario de Gabriela con el poeta de *cara de marfil sonriente,* el poeta del *báculo de lirio en flor.*[175]

El 23 de junio una nueva carta de Gabriela llega a manos de Magallanes, que en esa fecha prepara ya su viaje a Europa. En ella Gabriela vuelve al nudo central de sus relaciones con Magallanes.

Cada vez, Manuel, que tengo yo una alegría grande –le expresa en uno de sus párrafos–, *como si fuera un pecado tenerla, me viene enseguida, inmediato, el castigo por ella. Tú te acordarás que estuve muy contenta contigo la tarde en que nos disgustamos. Iba entrando en confianza, te miraba como un hermano; era un empezar de dicha. Y vino lo que vino, y quedamos peor que antes, porque el que vuelva a tutearte no es que crea posible el que tú me quieras. No, qué esperanza!...*

Y al final: *No se me ocurre, Manuel, decirte nada cariñoso. Y no es porque no te quiera; es porque me lo rompiste todo, la esperanza, la fe... Primero sufrí mucho; después me he serenado. En este viaje a la cordillera tuve muchas horas de ensueño. Soñaba sola. Tanto que he soñado contigo, en siete años, al ver la belleza de los paisajes. Me acuerdo de una poesía de María Enriqueta, la mejicana. Pinta un amor que ha pasado, como éste, y dice...: Hubo una vez en mi alma un gran castillo, donde un rey fue a pasar la primavera... ¿Hermoso? Sí; hubo un rey; hubo; ya no hay nada... Hasta siempre, Lucila.*

---

[175] Meza Fuentes, Roberto, *Recuerdo de Magallanes, El Mercurio,* 15-IX-1940.

239

El desenlace

El castillo se derrumba con nostalgia. El rey desaparece en el horizonte, envuelto en el espeso manto de la niebla y del silencio. Siete años de amor, de ilusiones y esperanzas, se desvanecen. Para Gabriela, como en el *Nocturno de los tejedores viejos,* se acaban *los días divinos / de la danza delante del mar, /* y pasan *las siestas del viento / con aroma de polen y sol, / y las otras en trigos dormidas / con nidal de paloma torcaz.*

Dos meses después de escrita la carta que hemos comentado, el 22 de agosto de 1921, la última del epistolario, Gabriela en una nueva misiva le acompaña la tan reputada como conocida *Balada* que recogen todas las Antologías y balbucean todos los labios:

El pasó con otra. / Yo lo vi pasar. / ¡Siempre dulce el viento / y el camino en paz!... ¡Y estos ojos míseros / lo vieron pasar!
El va amando a otra / por la tierra en flor. / Ha abierto el espino; / pasa una canción /
¡Y él va amando a otra / por la tierra en flor!...

¿No se vislumbra en esta actitud de Gabriela algún oculto pensamiento de enrostrar al fugitivo sus caprichos y mudanzas?

¿No asoman en estos versos melancólicos y de tristezas profundas, *cielos dulces* para ella silenciosos, besos *a orillas del mar* que resbalan *en las olas* con *la luna de azahar?* Constituyen, sin duda, las últimas llamaradas de su espíritu grande, que antes de apagarse pretende alumbrar los senderos atormentados de un amor que muere.

Tres meses después, el 30 de noviembre, Magallanes zarpa a Europa en el vapor *Renaico,* y Gabriela al año siguiente, a México, *la boca rasgada por el dolor, y los extremos de sus labios... vencidos como las alas de un ave cuando el ímpetu del vuelo las desmaya.*[176]

No volverán a verse. El, a pasos agigantados marchará hacia su fin prematuro y doloroso. Ella, hacia la gloria.

De esa época de bruma y de silencio sentimental quedarán tan sólo dos poemas de Gabriela que recogerá en *Desolación* bajo el título de *Poemas del éxtasis*. Será el postrer tributo a un amor dilatado y profundo, que Magallanes custodiará piadosamente hasta el término de sus días. Aislado en su quinta de San Bernardo, aspirará la naturaleza, en la cálida compañía de su esposa y de su hija. Sus amigos le verán, a menudo, recorrer con las manos cruzadas a la espalda, las solitarias avenidas de su pueblo a la hora del Angelus y le llamarán con razón el poeta de la serenidad.

Mientras Gabriela triunfa en México, Magallanes penetra en las sombras infinitas del más allá. El 19 de enero de 1924, *el dulce nazareno... ve cerrar con una palada de tierra la parábola casi evangélica de su vida.* Tras *sus plantas dolorosas de romero* le siguen sus amigos, los poetas, confundidos con los más humildes miembros de la Sociedad de Conferencias Populares de San Bernardo, de la que fue su presidente.

Con la misma levedad milagrosa de un poema suyo, salta de repente sobre la ruta eterna, dirá Eduardo Barrios.

Fue un gran poeta. En el verso y en la vida fue un gran poeta, repite emocionado Salvador Reyes. Y es que *su arte era reflejo de su alma, hecha de paz, de silencio, de reposo, de olvido,* afirma Antonio Orrego Barros.

La efigie del poeta, esculpida por las delicadas manos de Laura Rodig, la misma que tallará más tarde la de Gabriela Mistral, reposa bajo el tupido follaje de los ár-

---

[176] Prado, Pedro, *Al pueblo de México.*

boles del Parque Forestal; y San Bernardo conmemora la personalidad lírica y poética de quien fuera su progresista Alcalde, mediante una fuente viva, erigida en su Plaza de Armas, que permite exclamar a Meza Fuentes: *Hablemos de él junto a una fuente / si queremos hablar de amor.*

La muerte de Magallanes y Gabriela Mistral

A los cuarenta y seis años se nos murió, sin que le esperáramos esta mala muerte brusca, escribirá Gabriela Mistral, once años después de su doloroso y súbito final. *El gran cortés se acabó con cortesía, como el agua de regato que se sume de pronto en un hoyo del desierto de Atacama. Iba de su pueblo de San Bernardo a Santiago cuando la angina le cayó al pecho. Por no molestar a los viajeros del tranvía se levantó a pedir al conductor que parase, y éste lo dejó cerca de la casa de su hermano, donde se acabó en momentos sin agonía.*

Así –agrega la poetisa que tanto le amó– *se nos borró del aire y la luz de Chile, que no han sido usados por hombre literario más dignamente natural.*[177]

La emoción de Gabriela

La muerte del amigo tan amado la sorprende en Europa. Pero Gabriela en el primer momento no quiebra su silencio. Sólo tres años más tarde aparece en *El Mercurio*[178]

---

[177] Mistral, Gabriela, *Magallanes Moure, el chileno, El Mercurio,* 5 de mayo de 1935.

[178] Mistral, Gabriela, *Gente chilena: Manuel Magallanes Moure, El Mercurio,* 17 de abril de 1927.

un artículo titulado: *Gente chilena: Manuel Magallanes Moure.*

Allí encontramos la explicación de su incomprensible mutismo. *Ya se puede hablar de este hombre con cierto espacio que atempere la vehemencia del cariño.* Y sólo rompe su mudez con ocasión de la inauguración del monumento cincelado por las finas manos de Laura Rodig, en las verdes encrucijadas del Parque Forestal. *Porque ese monumento* –según Gabriela– *lo aleja un poco, aunque sea artificialmente, de nosotros; es como si decuplicara los años que han pasado...*

A pesar de la muerte súbita –expresa más adelante– *estaba maduro para morir Magallanes Moure... Maduro por la meditación que ya no era listadura melancólica en la manzana de la vida, sino estado unánime y mantenido. Maduro por la ninguna impaciencia, la ninguna prisa, la ninguna urgencia de las cosas que aquí se reciben.*

Casi desconcertaba –afirma en otro acápite– *su desasimiento... y dolía su desdén de sí mismo, en el último tiempo, cuando yo le conocí... Había volteado como viejos bolsillos el amor y la literatura, las únicas cosas que le importaron... Y tal vez lo queríamos por diferente. Nos aliviaba de nuestro borbotón de violencia...*

Con singular maestría, le define como un hombre *cotidianamente fino... Encuentra en él esa lenta pulidura que tiene la caoba en los brazos de la sillería de un coro español.*

Según Gabriela, Magallanes *elegía al amigo como la abeja la rosa, y tenía después de la elección la amistad larga y maravillosa.*[179] Esa amistad larga y maravillosa que en una atmósfera de amor y hasta de pasión

---

[179] Mistral, Gabriela, *Gente chilena: Manuel...*, *op. cit.*

los mantuvo unidos cerca de diez largos años. Gabriela en instantes le adoró con frenesí: *Blanco, puro y un hermoso varón* –le recuerda– *para ser amado de quien le mirase: mujer, viejo o niño*. A su juicio, *tal vez las cabezas poéticas más bellas que han visto valles americanos hayan sido las de José Asunción Silva y la de nuestro Magallanes.*

Y para Gabriela *era una belleza con hechizo, de las que trazan su zona en torno. Un teósofo diría que su aura era dulce. Porque la voz hacía conjunción con el cuerpo fino para volverlo más grato aún. Perdida voz de amigo que suele penarme en el oído: cortesía del habla, que además de decir halaga.*

Todavía más: una extraña pulcritud personal de traje y de manera.

Cualquier raza –añade– *habría adoptado con gusto esta pieza de lujo. Yo miraba complacida a ese hombre lleno de estilo para vivir, y sin embargo, sencillo. Se parecía a las plantas escogidas: trascendía a un tiempo naturalidad y primor.*[180]

Varios años antes, Gabriela había vertido este hermoso pensamiento sobre Magallanes Moure: *La introspección de minuto a minuto, el acarreo implacable que hacía su antena viva de las sensaciones, me hace pensar en su corazón como en un nido que recogí de niña, bajo unos higuerales. Estaba hecho de fibras secas y menudas, tan áridas, que el fondo entero me punzaba la mano. Y eso era un nido y tocaba el pecho del ave. La inteligencia da nidos semejantes a los hombres con vida interior.*[181]

---

[180] Mistral, Gabriela, artículo citado de 5 de mayo de 1935, en *El Mercurio.*
[181] Mistral, Gabriela, artículo citado de 17 de abril de 1927, en *El Mercurio.*

Poemas del éxtasis

Al cerrar las páginas de este ensayo, en el que temerosos nos hemos adentrado en el alma de un ser atormentado por la vida, ahondando, primero, en sus ensueños de adolescente con un avezado agricultor de su tierra que tanto amó; y más tarde, en el amor trágico del suicida, el de *las sienes vaciadas y la luna de los ojos albas y engrandecidas;*[182] no debemos silenciar al menos dos de los nueve *Poemas del éxtasis* que en diciembre de 1922 dedicó al grande y verdadero amor de toda su vida: Manuel Magallanes Moure. Corresponden al IV y al VI. *Hablaban de ti...* y *Escóndeme,* que enlazados con las amarillentas cartas de Gabriela, encontramos palpitantes y plenos de emoción y de ternura:

HABLAN DE TI

Me hablaron de ti ensangrentándote
con palabras numerosas. ¿Por qué
se fatigará inútilmente la lengua
de los hombres? Cerré los ojos y te
miré en mi corazón. Y eras puro, como
la escarcha que amanece dormida en
los cristales.

Me hablaron de ti alabándote con
palabras numerosas. ¿Para qué se
fatigará inútilmente la generosidad de
los hombres?... Guardé silencio, y
la alabanza subió de mis entrañas,
luminosa como suben los vapores del mar.

---

[182] Mistral, Gabriela, *Desolación,* edic. cit., p. 163.

Callaron otro día tu nombre y dijeron
otros en la glorificación ardiente.

Los nombres extraños caían sobre mí,
inertes, malogrados. Y tu nombre que
nadie pronunciaba, estaba presente
como la Primavera, que cubría el valle
aunque nadie estuviera cantándola en
esa hora diáfana.[183]

ESCONDEME

Escóndeme, que el mundo no me adivine.
Escóndeme como el tronco su resina, y
que yo te perfume en la sombra, como
la gota de goma, y que te suavice con
ella, y los demás no sepan de dónde
viene tu dulzura...

Soy fea sin ti, como las cosas desarraigadas
de su sitio; como las raíces abandonadas
sobre el suelo.

¿Por qué no soy pequeña, como la almendra
en el hueso cerrado?

¡Bébeme! Hazme una gota de tu sangre, y
subiré a tu mejilla, y estaré en ella
como la pinta vivísima en la hoja de la
vid. Vuélveme tu suspiro, y subiré
y bajaré de tu pecho, me enredaré
en tu corazón, saldré al aire para volver

---

[183] Mistral, Gabriela, *Desolación*, edic. cit. de Nascimento de 1923, pp. 284-285.

a entrar. Y estaré en este juego
toda la vida...[184]

Y Gabriela cierra los ojos y le mira en su corazón, puro como la escarcha que amanece dormida en los cristales; y él la esconde para que el mundo no la adivine, como el tronco a la resina para ser perfumado en la sombra y que los demás no sepan de dónde viene su dulzura. Y ella como un suspiro sube y baja en su pecho, enredándose en su corazón, saliendo al aire y volviendo a entrar, para seguir en ese juego toda la vida. Y Gabriela comprende a Dios, a Dios que *es este reposo* de sus largas miradas, *este comprenderse sin el ruido intruso de las palabras.*[185]

SERGIO FERNANDEZ LARRAIN
A bordo del transporte "Aquiles",
comandado por el Capitán de Fragata don Mariano Sepúlveda Matus,
en su travesía de Valparaíso a Puerto Williams,
capital de la Provincia Antártica chilena (febrero-marzo de 1977).

---

[184] Mistral, Gabriela, *Desolación*, pp. 285-286.
[185] Mistral, Gabriela, *Poemas del éxtasis*, II. *Dios, op. cit.*, p. 282.

INDICE